우리들의 영업비밀

섬김경영

최 복 이 지음

이 책의 수익금은 본사랑재단에 기부되어 선한 사업에 쓰입니다

무슨 일을 하든지 마음을 다하여 주께 하듯 하고
사람에게 하듯 하지 말라 (골로새서 3:23)

이 책을 이름 없이 빛도 없이 섬기는 분들과 나눕니다.

Contents

축하의 말 김철호 본아이에프 회장 외 5인
프롤로그 섬김의 뿌리와 영향력

Chapter 01. 창업 스토리 / 21

초년고생이 선물한 초심 / 퍼줘도 안 망한다 / 호떡장사와 진주조개의 꿈 /
요리학원 보조 최대리 / 역경의 열매, 본죽
시 | 고독은 축복이다

Chapter 02. 성공 스토리 / 63

손님을 주께 하듯 / 집중하면 명중한다 / 어머니의 정성으로 한 그릇씩 /
가맹점 성공이 나의 성공 / 선한 기업의 선한 사람들, 본사모 /
직원은 식구이자 내부 고객 / 본브랜드연구소 최소장 / 성공과 위기는 시간차 공격
시 | 결국 사람이다

Chapter 03. 위기관리 : 혁신과 성장 / 99

위기의 바람, 혁신의 열매 / 사람과 시스템을 바꾸자 /
살얼음판의 연속 / 존재의 위기와 성숙
시 | 비 반드시 그칠 것이다

Chapter 04. 7전8기 해외사업 / 121

한식의 일상화와 세계화 / 해외사업은 산 너머 산
그 땅을 사랑했는가 / 포기할 수 없는 글로벌 한식 브랜드
시 | 얼지 않은 꿈

Chapter 05. **본죽에서 본사랑, 본미션까지** / 145

멜린다 최와 본사랑재단 / 쪽방촌 문화교실과 작은 예수들 /
D(도네이션) 매장과 EM(선교) 매장의 열매 / 본월드미션의 미션 파서블 /
시인 CEO, 사회복지사 CEO
시 ㅣ 그분의 사랑법

Chapter 06. **선한 영향력** / 173

섬김·나눔·무릎으로 가치경영 / 선한 부자의 꿈, 작은 밀알의 사명 /
드림으로 이기는 전략기획실, 워룸
시 ㅣ 거룩한 일

Chapter 07. **비하인드 스토리: 가족 섬김** / 191

신앙의 뿌리가 된 시어머니 / 돕는 배필과 가장의 권위 /
가장 소중한 선물, 세 딸 / 친정엄마의 인내와 사랑
시 ㅣ 서로 다르다

●

에필로그   은혜에 빚진 자의 성장보고서
시   삶이 나에게

부록   본죽 그룹 경영맵(본월드, 본사랑, 본월드미션)
        종의 리더십 10계명

죽도록 온 존재로 사랑하라 하네.
우리가 세상에 온 이유는 사랑하기 위함이므로.

— '삶이 나에게' 중에서

축하의 말

●

35년 전, 얼굴이 동그랗고 눈이 유난히 깊은 한 소녀를 만났습니다. 세상의 때가 하나도 묻지 않은 참 순진하고 예쁜 사람이었습니다.

그때는 몰랐습니다. 그 깊은 눈 속에 많은 아픔과 상처가 깃들어 있었다는 것을.

그 후로 소녀는 살아가면서 감당하기 힘든 일을 또 겪어내야 했습니다. 악의라고는 하나 없이 순수한 마음을 가진 사람인데, 왜 그런 몸과 마음이 아픈 시련을 당해야 하는지도 모르면서.

세월이 흘러 그때의 소녀는 중년의 여인이 되었습니다. 이제는 평범한 여인이 아니라 성령님이 함께하시는 사명의 사람이 되어 세상 앞에 우뚝 서 있습니다.

늦가을의 찬 서리 가운데에도 피어 있는 국화 한 송이 속에는 지난 시간의 폭풍우와 비바람이 들어 있다고 합니다. 이제야 알 것 같습니다. 이 사람을 향한 주님의 뜻이 계셨고 주님이 늘 함께 하셨다는 것을. 그 시련과 아픔을 통해 사명을 주시고 이루게 하셨다는 것을. 그리고 나는 지난 35년 동안 그 사람에게 아픔을 보태준 남편이라는 것도.

〈섬김경영〉 출간을 축하합니다. 이 책을 통해 많은 사람들이 믿음의 길로 안내되고 치유의 역사가 일어나기를 기도합니다.

김철호(남편, 돈아이에프 회장)

●

누군가를 이해한다는 것은 상대방의 입장에서 가장 필요한 것이 무엇인지를 아는 것입니다.

그 후에 자기 자신을 내어주는 사랑으로 머뭇거리거나 주저하지 않고 더 잘 섬기기 위해 어제도 오늘도 내일도 변함없이 그 길을 걷는 사람입니다. 이 모든 것을 실천하는 저자의 삶은 진정한 섬김으로 늘 감동이었습니다.

믿음으로 모든 사람들에게 소망을 품고
겸손으로 섬김의 대상을 제한하지 않고
사랑으로 섬김의 크기를 거래하지 않았습니다.

축하의 말

"섬김" 그것을 위해 온 마음을 드리는 저자의 모습은 많은 기적의 역사를 써 내려가는 진정한 이 시대의 본받고 싶은 분입니다.

〈섬김경영〉 출간을 마음을 담아 축복합니다.

김경자(목사, 본월드미션 사무총장)

●

한 통의 전화를 받았다. 본사랑재단 최복이 이사장이다. 책을 발간하니 축하의 글을 한마디 써달란다. 덜컥 겁이 났다. 나 같은 사람한테 이런 큰 시련(?)이 닥치다니!

나는 최 이사장을 '후배님'이라 부른다. 대학 1년 후배긴 하지만 친구의 부인이기도 해서 존경하는 마음을 담아 존칭을 한다.

올봄에 몽골에 봉사 겸 선교를 하러 간다기에, 그저 가벼운 마음으로 지인들과 동행한 적이 있다. 몽골의 드넓은 초원과 쏟아질 듯 반짝이는 밤하늘의 별은 기대 이상이었다.

짧은 봉사 일정을 마치고 돌아오는 동안 몽골인들과 함께한 시간들을 되새겨봤다. 같이 먹고 얘기하고 웃던 아이들과 노인들의 얼굴이

스치며, 그들을 향한 하나님 전도사업은 나와 그들 모두에게 두고두고 좋은 추억거리가 될 것 같았다.

오래, 자주 보아왔지만 후배님의 하나님 사랑은 가히 누구도 흉내 낼 수가 없을 것이다. 함께 선교여행을 하면서 '하나님의 사람이 되고 싶다'는 후배님의 하나님 사랑은 전 세계로 뻗어나가리라 확신했다.

후배님의 간증서와도 같은 〈섬김경영〉을 접하는 모든 이들에게 하나님의 사랑과 더불어 후배님의 섬김이 가슴 깊이 전해지길 간절히 기도한다. 다시 한 번 발간을 축하드린다.

한창욱(선배, 나우커뮤니케이션 대표)

●

사람의 마음을 얻어야 진정한 성공과 행복을 얻을 수 있다. 어머니의 정성을 담은 본죽은 아름다운 어른 최복이 부회장님의 섬김 철학의 시작이었다.

아픈 사람을 위로했고 아이들에겐 건강을, 건강한 이들에게는 따끈하게 먹는 즐거움을 선물했다. 나 같은 가맹점 사장님들에게는 던저

축하의 말

고난을 극복한 버팀목이 되어 꿈과 희망을 주니, 책 제목처럼 섬김경영을 하루하루 실천하시는 분이다.

   하나님을 마음에 품고 그 사랑을 전하며, 아낌없는 나눔을 위해 본사랑과 본월드미션을 탄생시켰다. 초심을 잃지 않고 조건없는 사랑을 세계로 넓히시는 모습을 보며 '사랑이 곧 길이다'를 새삼 깨닫는다. 부회장님 사랑합니다.

이지인(본죽 서판교점 사장, 본사모 리더)

●

   가정 경영이나 사업 경영이나 모든 일을 주께 하듯 하시는 대표님의 모습을 가장 가까이에서 지켜 뵌 지 어언 4년이나 되었네요. 늘 한결같은 마음으로, 내 모든 걸 내주어도 아깝다 안 하는 분이 대표님이십니다. 직원들을 자식 같은 마음으로 사랑하고 아끼며 이루지 못한 꿈을 이루도록 길잡이가 되어주시는 덕택에 저 또한 많은 성장과 발전을 하게 되었습니다.

이번 〈섬김경영〉을 통해 사랑과 꿈을 몸소 실천하는 대표님의 삶을 보며 독자들도 많이 공감하고 감동 받으리라 믿습니다. 책 발간을 진심으로 축하드립니다.

박상미(과장, 수행비서)

•

꿈도 많고 하고 싶은 것도 많았을 젊은 날에, 사업하는 남편의 아내이자 홀시어머니를 모시는 며느리로 저희 딸 셋을 키우시느라 얼마나 많은 것을 희생하셔야만 했는지 제가 부모가 되고 나서야 조금이나마 짐작해봅니다.

그 힘든 시기 속에서 수많은 성공과 실패를 거쳐 오늘날의 본죽을 만들기까지 눈물의 과정을 알기에 엄마의 삶이 더욱 귀하게 느껴집니다.

엄마가 저에게 제일가는 인생 교과서이자 본받고 싶은 귀감이듯, 이 책을 통해 많은 사람들이 영감과 희망을 갖게 되기를 소망합니다.

사랑하는 엄마의 새 책 출간을 진심으로 축하합니다.

김지혜(큰딸)

프롤로그

섬김의 뿌리와 영향력

여호와는 나의 목자시니
내게 부족함이 없으리로다(시편 23:1)

먼저 나온 〈무릎경영〉은 기도경영을 말하는 것이었다면 이번 〈섬김경영〉은 그 실천을 말하는 책이다. 이 책을 허락하신 하나님께 감사와 영광을 올려드린다.

가난한 시절 아이 업고 돈 꾸러 다니면서 나도 이제 부자가 되고 싶다고 기도를 많이 했다. 축복받으면 나눠주고 꾸어주고 베푸는 선한 부자가 되겠다는 다짐도 했지만, 정작 잘 되었을 때는 다 잊어버리고 더욱더 풍요를 갈망하는 사람이 되어 있었다.

망해서 호떡을 구워 팔며 생계를 유지할 때 가난한 사람들을 보게 되었고 그들의 고단함을 경험하게 되었다. 축복받은 사람답지 못했음을 자책하며 내게 기회가 다시 온다면 나누고 섬기는 삶을 살겠다 수없이 다짐했다. 그래서 고난은 내게 유익했다.

긴 기도와 고난 끝에 '어머니의 정성으로 한 그릇씩' 슬로건을 걸고 정성, 사랑, 건강을 외치며 본죽을 시작했다. '마음을 다해 주께 하듯' 성경의 가르침과 갈급함으로 고객을 섬기던 첫 마음이 본죽의 정신이 되었다.

그 섬김의 창업정신은 동심원을 그리고 선순환을 이루며 세상에 선한 영향력으로 흘러가고 있다. 이것이 한식 프랜차이즈의 대표 브랜드가 된 우리의 영업비밀이라고 자부한다.

섬김은 본죽의 핵심가치이자 내 삶의 생활방식이 되었다.
오래전부터 내 차에는 직원들 명단과 가맹점 명단이 있다.

짬이 날 때마다 기도하기 위해서다. 이동 중에 한 명 한 명 이름을 부르고 매장을 부르며 기도한다. 이것이 우리 직원과 가맹점을 사랑하는 나만의 섬김방식이 되었다.

그 기도는 우리나라와 사회, 소외된 이웃과 어려운 국가들 그리고 선교사님들을 위한 기도로 확장되고 있다. 아무도 모르게 혼자 드리는 간절한 기도가 가장 큰 섬김이라고 믿는다. 그 기도는 섬김의 삶으로 실천되고 이제는 더 많은 분들과 함께 협력해서 선을 이루는 글로벌 섬김으로 확장되고 있다. 이것은 그냥 하나님의 은혜다. 본죽기업이 본사랑과 본월드미션으로 흘러나가는 사명의 길이자 흐름이다.

책을 쓰면서 섬김이라는 가치를 내내 묵상해봤다. 구원자 예수께서 제자들의 발을 닦이는 모습은 내 삶에 큰 영향을 미치고 있다.

또 한편으로는 어린 시절부터 부모님과 가족으로부터 보고 배운 바도 크다. 종갓집의 외며느리로 사신 친정어머니의 삶은 처음부터 끝까지 섬김이었다. 어머니가 두부를 한 가마솥씩 하시면 한 모씩 잘라 동네 한 바퀴를 돌며 배달하는 아이는 나였다.

한번은 동네를 지나던 산모가 산기를 느껴 우리 집에 들어와 해산하고 산후조리까지 받고 간 적이 있었다. 그분은 어머니의 한결같은 보살핌에 감격해 우리의 수양엄마가 되어 평생 은혜를 갚으셨다.

할아버지의 친구로 우리 집에 자주 오시던 문서방이라는 분도 기억난다. 바랑을 지고 세상을 떠도는 나그네였는데, 지치면 사랑채에 며칠씩 묵으며 할아버지와 겸상도 하고 세상 이야기를 나누셨다. 종손댁 인심 좋다 소문이 나서 집 안은 늘 나그네와 거지들로 북적거렸다. 나눠먹고 대접하고 싸주고 보살피는 게 우리 집의 일상 풍경이었던 것 같다.

13남매를 둔 내 아버지는 오지랖 넓은 지식층이라서 마을분들의 자녀 양육 상담도 해주시고 소년원에 간 동네 아이들도 찾아가 돌봐줄 정도였다.

이런 성장배경이 알게 모르게 내 삶에 선한 영향력의 바탕이 되었고, 신앙인으로서 섬김을 사명으로 받아드리는 일도 자연스러웠다.

두부 들고 동네 돌던 아이가 자라서 죽을 들고 우리나라 곳곳에 있는 가난하고 소외된 이웃을 찾아다니고, 본사랑죽을 만들어 지구촌의 굶주리는 아이들을 먹이는 사람이 되었다. 기업으로 성공했다는 것보다 이런 섬김이 확장되어 간다는 것이 내게 가장 큰 보람이고 기쁨이다.

모든 것이 은혜라서 감사할 뿐이다. 여기까지 함께 동고동락해주신 가족과 임직원들과 가맹점 사장님들, 협력사 가족들 그리고 우리를 위해 끝없이 기도로 섬겨주시는 많은 교회식구들과 선교사님들에게 무한 감사를 전한다. 이분들이 있었기에 모든 것이 가능했고 앞으로 섬김이 더욱 확장될 수 있다고 믿는다.

특히 안팎으로 부족한 아내를 늘 이해와 사랑으로 지지해주는 남편 김철호 회장에게 깊은 감사의 마음을 드린다.

이 작은 책이 보람되고 가치 있는 인생을 추구하는 사람들에게 공감이 되고, 사업과 인생을 운영하는 데 조금이라도 도움이 되었으면 참 좋겠다.

은혜로 사는 사람

최복이 드림.

본을
따르다

무엇에 문제가 생겼다는 것은
원래 생각한 그 무엇,
원래 지켜야 하는 그 무엇,
원래 따라야 하는 그 무엇에서
벗어나고 있음의 결과입니다.

**'근본을 잊지 않고
기본을 지키게 해달라고 기도하는 것'**
그것이 하나님이 주신
우리의 영업비밀입니다.

Chapter
01

창업 스토리

고난당한 것이 내게 유익이라
이로 말미암아 내가 주의 율례들을 배우게 되었나이다
(시편 119:71)

Chapter 01

초년고생이 선물한 초심

―

퍼줘도 안 망한다

―

호떡장사와 진주조개의 꿈

―

요리학원 보조 최대리

―

역경의 열매, 본죽

초년고생이
선물한 초심

가난했던 20대 시절 얘기부터 시작해보겠다. '초년고생은 사서도 한다'고들 하는데 무방비 상태였던 내게는 그 파고가 정말 엄청났다. 지금은 좋치고 몰려왔던 그때의 초년고생이 내 인생에 값진 자산이 되었다고 고백하지만 그때로 다시 돌아가고 싶지는 않을 만큼.

아무것도 모르던 스물네 살짜리가 남편과 아이 하나 업고 상경해 부엌도 없는 보증금 100만 원에 5만 원짜리 달세방에서 살았던 경험은 지금까지도 나를 움직이고 있다. 그 시절이 나를 겸손하게 만들고 다른 사람의 어려운 형편을 이해하는 공감력에도 작용하고 있는 걸 본다.

1983년 대학 1학년 때 남편을 만났다. 같은 국문과 1년 선후배로 만나 내내 연애를 했고 대학 4학년 말에 남편과 결혼했다. 둘 다 시골 출신이고 객지 생활을 오래 하고 있으니 부모님들이 빨리 묶어주자고 해서 결혼식을 올리게 됐다.

내가 졸업하자마자 시어머님이 서천장으로, 한산장으로 5일장을 돌며 포목 장사해서 모아놓은 돈을 받아 첫 사업을 시작했다. 대전의 충남대학교 근처에서 시작했다고 이름도 대학출판사였다. 말이 출판사지 대학교수님들의 책이나 논문을 출판하는 인쇄소 수준이었다.

둘 다 세상물정 하나 모르고 달려들었으니 당연히 어려움을 겪고 1년 만에 망했다. 시어머님의 장바람 묻은 돈을 홀랑 날려버렸으니 죄송하고 부끄럽고 면목이 없었다. 그러고도 또 100만 원을 받아서 멀리 독립을 했다.

1988년 겨울, 경기도 부천의 역곡 시장통 근처에 있는 연립주택에 단칸방을 얻었다. 처음 찾아간 남편만 보고 하숙생이려니 하고 방을 내준 주인은 나와 아이가 함께 들어서니 싫어라 했다.

부엌이 없으니 방에다 전기밥솥을 놓고 신발은 창틀에 올려두고 셋이 포개져서 잤다. 주인한테 가스비를 조금 더 내고 그분들의 식사 후에 계란 프라이나 찌개 하나 해가지고 방으로 옮겨와 김과 밥을 먹던 신혼시절이었다.

나중에 부엌이 있는 성남 수진동 집으로 이사했을 때는 정말 천국에 온 것 같았다. 내가 원할 때 마음대로 불을 켜고 음식을 해먹을 수 있다는 그 기쁨은 지금의 집이나 성공과 비교할 수가 없을 정도였다. 그때 부풀었던 그 마음을 잊을 수가 없어서인지 지금도 검소하게 산다.

우리 아이들과 남편도 가끔은 "이제 우리도 좀 쓰면서 살아도 되지 않나?" 하고 농담할 정도로. 그 비좁았던 방이 내가 교만해지려고 할 때마다 낮아지게 가르친다. 은 주고도 산다는 초년고생, 우리는 아주 바닥부터, 아주 가난하게 치러냈다.

무작정 상경은 했지만 비빌 언덕 하나 없는 도시에서 남편은 바로 직장을 잡지도 사업을 펼치지도 못했다. 대책 없이 맨 주먹만 불끈 쥔 때였다. 나는 결혼 패물을 팔고 아이의 백일반지와 돌반지까지 팔아 쓰다가 결국 아이를 업고 돈을 꾸러 다니게 됐다. 처절하게 세상이 내던져진 느낌이었다.

지금도 잊지 못하는 아픈 계기는 엿들은 말에서 왔다. 오빠네, 언니네를 찾아다니며 돈을 꾸다가 시댁 친척 집까지 물어서 찾아갔다. 돈 좀 꿔달라는 얘기도 아직 안 했는데 부엌에서 식구들끼리 하는 얘기가 들렸다.

"쟤, 저렇게 돈 꾸러 다니다가 저러다 인생 큰일난다.
　나쁜 버릇 드니까 그냥 내쳐버려."

그때 정신이 번쩍 났다.

'아, 진짜 세상이 만만치 않구나. 내가 이렇게 민폐 끼치고 손가락질 받는 사람이 돼버렸구나. 정말 이렇게는 살고 싶지 않다.'

자존심 하나는 누구한테 지지 않던 내가 충격을 받았다. 차비가 없으니 버리듯 쥐어준 돈을 받아들고 내려와야 했던 차 안에서 아이를 안고 울면서 기도했다.

"하나님, 이렇게 돈 꾸러 다니는 게 너무 부끄럽고 창
　피해요. 이제 저를 축복해주세요. 우리가 잘되면 나
　눠주고 꾸어주고 베풀며 살겠습니다."

선한 부자로 이웃을 돌보는 도구가 되겠다고, 그러니 이제 우리를 축복해달라고 나도 모르게 간절한 서원 기도를 올리고 있었다. 그 후로는 돈 꾸러 다니는 일을 끊고 어떻게 살아야 하

나 고민하고 기도했다. 신앙생활 덕분에 팍팍한 현실에서도 마음의 힘을 얻을 수 있었다.

그때의 가난했던 경험이 풍요로운 지금까지도 나를 많이 붙잡아준 것 같다. 교만하지 않게 하고, 부유해졌다 해도 낭비하지 않게 한다. 내가 어려워 봤으니 힘든 이들의 마음을 돌아보지 않을 수 없다. 힘겨웠던 시절이 내 초심으로 움직이게 하심을 감사한다.

"하나님, 이렇게 돈 꾸러 다니는 게
너무 부끄럽고 창피해요. 이제 저를 축복해주세요.
우리가 잘되면 나눠주고 꾸어주고 베풀며 살겠습니다."

퍼줘도 안 망한다

출판사 이후에도 방문학습지 회사, 통신판매업(홈쇼핑)을 벌여봤다. 제조업은 어떤가 싶어 인삼제조 공장분들과 만나서 인삼도 팔아보고 보석이 괜찮다 해서 다이아몬드도 팔아봤다. 남편은 계속 알아보고 추진하고 나는 뒤에서 돕는 역할을 했다.

줄줄이 접고 또 접다가 30대 초반에 대박사업을 하나 만났다. 순식물성 화장품 전문점 '바디 & 뷰티 하우스'라는 대리점 사업이었다. 미국과 일본, 유럽의 화장품과 목욕용품들을 수입해서 팔았는데, 88올림픽 이후 호황에 힘입어 소위 강남 사람들이라는 부유층들이 천연 성분으로 만든 고급 화장품을 지향하던 때였다.

기회는 찬스였다. 대리점 400개를 모으면서 잘나가는 사업을 일궈보게 됐다. 서초동에 사옥을 세웠고 물류창고도 샀다. 드디어 가난을 벗고 강남에 있는 빌라로 이사를 하게 됐다. 남편은 골프채를 사들이고 카폰이 있는 세단을 타고 다녔고, 나도 '강남엄마'가 되었다. '이제 고생 끝, 풍요의 시작이구나. 이렇게 쭉 계속 잘살겠구나' 싶어서 한껏 누리고 붕 떠 있었다.

가난할 때 나를 축복해주시면 나눠주고 베푸는 선한 부자가 되겠다는 고백을 까맣게 잊고 강남 생활에 젖어들고 있었다. 그러나 단꿈은 오래가지 못했다. 1997년 나라 전체가 IMF 위기를 맞았다. 우리의 품목은 수입화장품이다 보니 부도 처리를 해야 했고 재산은 다 채권단에 넘어갔다. 춥고 어두운 구옥으로 옮겨 가니 날개 달린 바퀴벌레에 놀라 잠을 깨는 밤이 많았다.

알거지, 빚쟁이, 신용불량자, 세금체납자, 연쇄부도를 낸 경제사범이라는 딱지들이 한꺼번에 붙으면서 우리 부부는 많이 힘들었다. 초년고생보다 더 심한 곤경에 빠졌다. 가장인 남편은 어떻게든 수습해보겠다며 새벽에 나갔다 늦게 들어오는 나날이었고 나는 마음의 병을 앓기 시작했다. 죄책감과 후회가 밀려왔고 회개기도가 터져 나왔다. 정말 총체적 고난의 늪이었다.

나는 믿음의 사람인데 하나님의 축복을 잘 간수하지 못하고 제대로 쓰지 못했다. 축복의 목적을 이루지 못한 무거운 마음과 후회가 엄청났다. 성난 파도 같은 빚쟁이들의 독촉과 두려움이 나를 사정없이 짓눌렀다.

시골에 계신 시어머님은 당신의 외아들이 죽게 생겼다고 가진 걸 다 팔아 빚을 갚아주시고 이불과 장독만 가지고 우리와 합류했다. 그런 어머니를 호강시켜드려야 한다는 마음을 가지고 있었는데 또 한 번 고생길에 들어서게 했다는 죄책감은 말할 수 없었다.

깊은 우울증과 불면증은 대인기피증과 정신질환까지 데리고 왔다. 숨고만 싶어서 농가주택을 알아보기도 했고, 며칠씩 잠을 못 잔다고 남편이 끌고 가다시피 해서 정신과 병동에 입원해 격리치료도 받았다.

퇴원 후 어느 날, 남편이 좋은 프로젝트가 있다면서 내게 사업계획서를 내밀었다. 게임방 종류의 오락사업으로 마침 뜨던 프랜차이즈였다. 서류를 펼쳐보는데 딸아이 셋을 키우는 엄마로서 아이들의 영혼을 상하게 할 것 같은 느낌이 확 들었다. 아무리 어려워도 이렇게 돈을 벌어서 아이들을 키우고 싶지 않다는 생각이 올라왔다.

놀이터에서 놀고 있는 아이들을 보면서 남편과 얘기했다. 아무리 급해도, 아무리 잘되는 사업이라고 해도 돈 버는 과정과 영향력도 고려해야 한다는 점에 남편도 동의했다. 사업의 부정적인 위험성을 감안해 그 프로젝트는 제안한 친구에게 다시 보냈다. 친구는 후에 몇십 억을 벌었다는 풍문이었지만 끝이 좋지는 않았다.

세금과 채무에 눌려 시작한 것이 갈월동 숙대 앞 호떡장사였다.
호떡장사를 하면서 인생수업을 정말 많이 받았다. 지금 돌아보면 그 시간을 어떻게 견뎠을까 대견하기도 하지만 마음 한편으로는 뭐라 표현할 수 없는 자기연민도 솟아난다. 간증이나 강의를 하다가 울컥 눈물이 나오는 대목이기도 하다.
남편이 종로의 한 호떡장사에게 노하우를 배워가지고 왔다. 재기를 도운 채권단의 배려 덕분도 있었다. 우리의 재산을 관리하던 채권단의 김 사장님이 나라 위기와 맞물린 거지 개인의 부도덕으로 부도를 낸 것이 아니라면서, 같이 어려워졌지만 힘내 보자면서 봉고차 한 대를 지원해줬다. 그게 시드머니(종자돈)가 되어서 남편은 포장마차를 마련하게 됐다.

숙대 앞 건물 주인에게 부탁해 포장마차 영업 허가를 받고 나서 포장마차까지 걸어가는데 3, 4일이 걸렸다는 남편의 고백을 나중에 듣고 마음이 짠했다. 사장님 소리 들으며 잘나가던 기억을 접고 길거리 노점의 호떡 아저씨로 나서는 거니까 자기 자신과의 싸움과 용기가 필요했다. 나도 남편을 도와 호떡장사를 같이 해야 되는데 용납이 안 됐다. 전철에서 내려 여전히 양복을 차려입은 남편이 장사 준비하는 걸 보면서도 선뜻 다가가지 못하고 한참을 망설였다.

'하나님, 제가 어떻게 해야 될지 모르겠어요. 감당할 수 있을지도 모르겠어요. 용기도 없고 자신도 없지만….'

속으로 기도하며 서성이는데, 남편이 잘될 때는 따라다니고 힘들 때는 부끄럽다고 뒷걸음치려 하는 내 모습을 보게 됐다. 어려울 때 사람의 마음자리가 다 드러나는지, 내 마음의 실상을 보고 나니, 나와 하나님 앞에 한없이 부끄러웠다.

혼자 있는 호떡장사를 향해 성큼성큼 걸음을 옮겼다. 약을 먹어야 잠을 이루던 때였고 가만히 있을 때는 자살충동이 많이 일어나던 불안정한 상태였다. 처음에는 부끄러움을 극복하는 게 제일 어려웠다.

그다음엔 새벽에 반죽을 만들고 부풀려가지고 나와야 하는 부지런함에도 불구하고 어떤 날은 많이 팔리고 어떤 날은 덜 팔리는 매상이었다. 호떡으로 일곱 식구의 생계를 책임져야 하는데, 하루 3만, 5만, 많아야 7만 원 가지고는 세 아이와 어머니 부양이 막막했다. 하루살이마냥 매일이 생존게임이었으니 내일이나 희망 같은 건 보이지 않았다.

가장 어려웠던 건 단속반한테 포장마차를 뺏기는 때였다. 포장마차 영업을 허가받은 자리가 아니라면서 용역 차가 포장마차를 싣고 갔을 때, 장사자리를 찾아 거리를 전전하던 때, 한밤중에 끌려간 포장마차의 빈자리를 새벽에 나와 발견할 때면 이렇게 살기가 어려운가 맥이 빠졌다.

가끔씩 우리 이렇게 끝나는 건가 하는 절망감이 나를 무척 괴롭혔다. 존재에 대한 불안감은 나를 자주 흔들고 힘들게 했다. 매일의 전쟁을 치르며 인간의 생사화복을 곤고하고 연약한 사람이 결정할 수 없다는 걸 깨닫고 기도를 더 많이 하게 됐다. 그때가 내 무릎경영의 시작이었다고 생각한다.

노점상 생활은 가난한 사람들의 마음을 처절하게 경험해보는 실습시간이 됐다. 병원 치료를 받는 기간이기도 해서 심신이 아픈 이들의 고통과 외로움을 느낄 수 있었다. 풍족해졌어도 소외된 이웃을 돌아보지 못한 회개와 후회가 일어날 때마다 다시 한 번 축복이 주어지면 정말로 값진 축복의 나눔을 해보고 싶다고 간구했다.

좋은 점도 있었다. 500원짜리 호떡을 팔다 보니 돈이 정말 액면가 그대로 실물처럼 느껴졌고 돈을 어떻게 써야 되는지도 알게 됐다. 밤낮으로 일하는 동안 차츰 물질관이 달라지게 됐다.

호떡에 생계가 달렸으니 연구를 많이 했다. 촌사람다운 큰손으로 빚은 왕호떡, 흑설탕이나 단 걸 싫어하는 손님을 위한 야채 호떡, 거기다 식용유가 아닌 마가린으로 구워 겉반죽에도 간이 배게 하니까 훨씬 맛이 났다.

배고픈 사람들의 허기를 헤아려 서울 시내에서 제일 큰 호떡을 구워 팔았던 시절, 길에서 사는 이들의 고단함을 많이 보고 이해하게 됐다. 수업료를 톡톡히 치른 만큼 배운 게 많은 인생 수업이었다.

이때까지는 내가 음식장사를 할 거라는 생각, 음식장사로 축복받을 거라는 생각을 못했다. 그러면서 음식철학이 어렴풋이 생긴 것 같다. '아, 퍼줘도 안 망하는구나!' 신기한 경험이었다. 오히려 남들보다 2배로 키워 파는 호떡 앞으로 길게 줄을 서는 손님들과 쌓이는 천 원짜리, 줄어드는 반죽이 나를 신나게 했다.

'그래, 못 퍼줘서 망하지 퍼주면 되는구나.'

나중에 본죽 프랜차이즈 산업뿐만 아니라, 인생을 살아가는 교훈까지도 여기서 다 배웠다. 정말 중요한 길거리 특훈이었다.

호떡장사와
진주조개의 꿈

항우울제 같은 약을 복용하면서 몸이 무거웠던 때라 꿈이라고 말하기는 어렵지만 간절함이 내 속에 있었다. 그래도 잘됐던 사업이 외부의 타격으로 망한 후라서 미련이 남았는지 새로운 꿈이 싹트고 있었다.

다시 기회가 주어진다면 어렵고 힘든 사람들에게 유익한 존재가 되고 싶다는 꿈. 지금은 비록 아프고 가난한 호떡장사로 전락했지만 쓸모 있고 유익한 존재, 축복의 존재가 되고 싶다는 향상심이 생겼다. 새벽에 작정기도도 하고 〈목적이 이끄는 삶〉도 읽으면서 고난에 대한 묵상을 많이 하게 됐다.

'왜 내게 이런 시련이 계속되는 걸까?'

실망과 상심이 뒤섞인 채로 고난 속을 헤매며 기도하던 때에 어느 분이 내게 책 2권을 건네주셨다. 송봉모 예수회 신부님이 쓴 〈고통, 그 인간적인 것〉, 〈광야에 선 인간〉이었다. 책을 읽으며 고난의 의미를 다시금 새겨보는 시간이 귀했다.

'고통은 삶의 실재다. 하나님과 진정한 관계를 맺는 시간이니 한 가지 고난 앞에서 인생 전체를 비관하지 마라. 고난은 가장된 축복이다. 그러니 하나님을 철저히 신뢰하고 찬양하라.'

이 험한 세상을 뜻하는 광야에 대해서는 '우선순위를 보는 장소, 반항과 시험과 유혹과 분별의 장소이자 과정'이라는 정의가 내 마음에 들어왔다.

'아, 고난은 인생을 유익하게 하고, 인생의 성숙과 성장을 위해 마련한 하나님의 장치였구나!' 진짜 정답을 얻은 것 같았다. 진주에 대한 비유도 인상적이었다. 속살이 연한 조개의 살 속으로 이물질이 들어와 고통을 느낄 때, 조개는 온몸의 진액을 빼내서 상처난 곳, 고통스러운 곳을 계속 감싼다고 한다. 아프기만 하던 상처가 나중에는 빛나는 진주가 된다는 얘기가 나한테 위로와 희망으로 다가왔다.

진주에 감명을 받은 뒤로 나는 진주귀고리를 자주 한다. 지금 이 어려움이 반드시 진주처럼 나한테 소중한 자산으로 진화하는 과정이기를 바랐다. 내 몸과 마음이 회복되면 나눠주고 꾸어주고 베푸는 선한 부자, 그늘진 이들의 눈물을 닦아주는 사람이 되고 싶다는 마음을 다시 품게 됐다. 가장 어려웠을 때의 꿈이 사라지지 않고 내 안에 꿈과 비전으로 살아나고 있었다.

'주님, 제가 가장 어려울 때 만난 사람들을 위해 살고 싶어요. 저를 다시 한 번 축복해주세요.'

갈망하며 기도하던 시간은 진주조개의 눈물이 진주로 바뀌던 시간이었다.

'고통은 삶의 실재다.
하나님과 진정한 관계를 맺는 시간이니
한 가지 고난 앞에서 인생 전체를 비관하지 마라.

고난은 가장된 축복이다.
그러니 하나님을 철저히 신뢰하고 찬양하라.'

요리학원 보조
최대리

포장마차 뺏기는 불안한 생활에 지쳐 남편 친구가 운영하는 회사에 둘이 취업을 한다. 남편은 친구와 식당 개업 컨설팅을 하고 나는 회사에 딸린 요리학원에서 소위 '시다'라고 하는 보조 일을 맡게 됐다.

병든 아내를 데리고 취업한 남편과 사정을 알고도 받아준 남편 친구에게도 감사했다. 청소, 설거지, 돈가스용 재로 다듬기 같은 단순노동과 요리 실습할 때 돕는 허드렛일이 최복이 대리의 일이었고 월급은 70만 원 정도였다. 본죽을 만드는 데 필요한 여러 기본기를 갖추게 된 현장이 이곳이었다.

새로운 학교였지만 내 존재감은 이때 바닥을 치고 지하까지 내려갔다. 호떡장사보다 더 힘겨운 마음을 안고 일을 해야 했으니 즐겁지도 않았고 일도 잘 못했다. 정신과 약을 먹으면 몸이 무겁고 힘들었고, 안 먹으면 정신은 초롱초롱했지만 죽고만 싶은 마음이 드는 악순환이 이어졌다.

'이 주방에서 내 인생이 이렇게 끝나는 건가?' 하는 절망감이 또 찾아왔다. 끝이 보이지 않는, 아니 끝이 닫힌 터널 안에 갇힌 느낌이었다.

학원이 종로에 있었는데 종로 길을 울면서 돌아다니며 힘들다고, 살려달라고 기도를 많이 했었다. 그 시간이 하나님의 놀라운 섭리가 숨겨진 훈련시간이라고는 상상도 못했다.

다들 퇴근한 후 설거지와 청소 등 뒷정리를 하고는 실습하고 남은 돈가스를 하염없이 먹었다. 배가 고픈 것도 아닌데 그냥 속이 허했다. 알 수 없는 갈증과 허기를 메워보려고 돈가스를 토할 때까지 마구 먹기도 했다.

튀긴 음식과 약 부작용으로 살이 급격히 쪘다. 얼굴에 기미는 꽉 차고 머리도 갑자기 많이 빠졌다. 거울을 볼 때마다 무너진 내 모습과 자괴감이 나를 괴롭혔다. 저녁에 눈을 감으면 아침에 눈을 뜨고 싶지 않았다. 우리 아이들과 어머니, 남편에게 짐만 되는 무의미한 인생 같았다. 남편 앞길을 막는 아내, 아이들에게 무익한 엄마 같은 한탄과 절대 고독으로 신세가 처량했다.

망해서 병원 다니니까 다 떠나갔다. 가족들까지도 엄마 스트레스 받으면 안 된다 해서 내게 뭘 묻지도 않고 의논도 않는 종이인간, 뒷방 환자 같은 내 존재가 참을 수 없었다. 전철이나 한강을 보면 뛰어들어 죽고 싶은 위험한 생각들 사이로 아슬아슬하게 매일이 지나갔다.

사실은 그때가 나를 가장 액면가로 마주보게 한 시간이었다. 이전의 나는 교만하고 자존심 센 사람이었다. 책 읽는 게 낙이었고 시인으로 등단도 했으니 글만 쓰면서 살고 싶었다. 내가 추구하는 삶과 다른 나의 초라한 현재를 비교해 보았다. 나 혼자도 건사하기 버거운 인간, 내가 누구인지도 몰라 생존조차 어려운 게 실제 모습이었다.

'나는 왜 이 땅에 나왔을까? 어떻게 앞으로 살아야 할까? 하나님은 어떤 뜻과 계획으로 나를 이곳에 보내셨을까?' 질문만 무성하게 솟아오르고 답은 안 나왔다. 뭐 하나 손에 잡히지 않았다. 먼지 같은 존재 사라지면 그만이지! 아, 정말 신앙이 날 붙잡지 않았다면 난 먼지처럼 사라졌을지도 모른다.

하나님 앞에 발가벗은 존재로 서보니 나는 아무것도 아닌 존재라는 걸 확인하게 됐다. 허세와 체면, 형식을 중요시했던 자아가 조금씩 빠져나갔다.

무엇이 나를 소생케 했나 많이 생각해봤다. 정말 어려웠을 때를 떠올려봤다. 처음 신앙생활을 시작하면서 생겨났던 마음, 쓸모 있고 보람되고 가치 있는 인생을 살고 싶었던 간절했던 마음들이 무참히 사라지는 걸 보면서 다시 마지막 힘을 다해서 매달려보고 싶은 마음이 어느 순간 들었던 것 같다.

'한 번만 더 제 인생에 기회를 주신다면…' 하면서 주님께 매달렸다. '좀 더 가치 있는 인생이 되어 보겠습니다. 그렇게 살아보고 싶습니다.' 내 모든 가치관과 인생관, 물질관이 180도 바뀌는 때가 그 고난의 때를 지나며 왔다. 고난의 풀무와 망치질을 통과하며 새로 거듭나는 시간.

그러면서 나는 본죽을 선물받았다.

어느 날 출근했더니 남편 친구분이 내게 이제 그만 나오라는 통보를 했다. 열심히 해야지 하던 차에 눈앞이 깜깜해졌다. 떠나야 할 때였겠지만 나가라는 말은 또 한 번의 상실과 전전이었다. 요리 레시피나 계량화, 재료의 효율과 맛의 통일성 등을 배우면서 신기해하고 흥미를 느끼던 차에 떠나라니.

"여보, 이렇게 손 놓고 있을 수는 없어. 내가 뭐라도 해야겠어요."

저녁에 돌아온 남편이 나한테 "죽집을 한번 해볼래?" 하는 말에는 메뉴 콘셉트가 확 와 닿지 않았다. "하필이면 죽이야?" 밥집도 될까 말까 한 상황에 죽이라니. 되물으면서도 충무로나 오래된 죽집들을 남편과 함께 돌아다녔다.

차츰 마음이 긍정적으로 돌아섰다. 양복 입고 앉아 죽을 먹는 손님들을 보면서 죽이 가난하거나 아픈 이들이 먹는 저급 메뉴가 아니라 고급 메뉴가 될 수도 있겠다는 생각이 들었다. 직장인들이 숙취 해소용으로 찾는 죽이라는 건 다행히(?) 나중에 알았다.

성경에도 나를 계속 응원하는 주문 같은 말씀이 있었다.
  할 수 있거든이 무슨 말이냐 믿는 자에게
  능치 못한 일이 없느니라(마가복음 9:23)
  내게 능력 주시는 자 안에서
  내가 모든 것을 할 수 있느니라(빌립보서 4:13)

하루에도 수십 번씩 나도 모르게 외우고 있는 이 말씀이 나를 예스맨으로 바꾸고 있었다.

"여보, 죽집을 한번 해보고 싶은데, 이거 어떻게 하는 거예요?"

"죽 노하우를 가르쳐줄 사람은 없으니, 당신이 직접 만들어봐야지."

"그럼, 내가 한번 만들어볼게요."

친정엄마한테 달려가 할아버지께 드리던 죽 쑤는 법을 물어보고, 시장통의 죽집을 찾아가 눈여겨보며 물었다. 죽은 가마솥에 쑤어야 제 맛이라지만 다른 방법도 찾아야 했다. 남편이 종로구청 앞에 위치한 전통 찻집인데 죽도 유명하다는 집을 소개했다.

거기서 몇 달 설거지하면서 전통차 끓이기와 팥죽, 호박죽, 전복죽, 야채죽 같은 죽 쑤기를 배웠다. 두 손과 팔에 데고 베인 자국은 조금씩 향상되고 있다는 증명서 같았다. 찻집에서 사사받은 죽 만들기와 요리학원 실습 경험, 죽집 현장 견학 등이 섞여 나만의 브랜드가 나왔다.

간절하면 갑자기 똑똑해진다고 하던가? 정말 많은 지혜가 주어졌다. 은근하게, 뭉근하게 끓여야 하는 죽처럼 기도하는 가운데 많은 융합과 시도를 거쳐 죽 한 그릇이 탄생했다. 15가지 죽

메뉴와 한 그릇의 죽 조리과정은 모두 기도하면서 얻은 하나님의 레시피다.

　죽을 완성했으니 죽집의 이름을 놓고 기도했다. 아이들과 지인들에게 이름 공모도 하고 아이디어 부탁도 드렸다. 어느 날 새벽기도를 하는데 본(本)이라는 이름이 눈앞에 떠오르게 하셨다. 하나님의 작명을 받은 본죽은 대학로 1호점에서 15가지 메뉴를 가지고 새 출발을 하게 됐다.

'나는 왜 이 땅에 나왔을까?
어떻게 앞으로 살아야 할까?
하나님은 어떤 뜻과
계획으로 나를 이곳에 보내셨을까?'
질문만 무성하게 솟아오르고 답은 안 나왔다.

역경의 열매,
본죽

나는 요리사도 아니고 요리에 소질도 없다. 다만 종갓집 종부로 사신 엄마의 고봉밥 인심을 닮아 퍼주는 후한 손이 소질이라면 소질이라고 하겠다.

언론에 본죽을 소개할 때마다 "본죽은 역경의 열매입니다. 본죽은 하늘로부터 온 선물이고 하나님의 작품입니다"라고 확신 있게 말한다. 본죽은 알다시피 요리 잘하는 사람이 어느 날 뚝딱 시작한 사업이 아니라 긴 훈련과 연단 끝에 만들어진 브랜드라서 역경의 열매라고 강조한다.

호떡장사 때 퍼줘도 안 망한다는 장사원리를 알았다. 막막한 마음으로 요리학원 브조 노릇을 할 때는 요리 가르치는 법, 조리

기구 쓰는 법, 재료 다듬는 법과 계량화, 레시피 만드는 법 등이 내 인생에 축복거리가 될 거라고는 상상도 못했다. 눈앞이 깜깜한 채로 일해 나갔던 시간들이 모여 죽 한 그릇에 녹아들었으니 본죽이 역경의 열매라는 정의는 지나치지 않다.

노하우는 만들었지만 돈이 없으니 좋은 곳에 가게를 낼 수는 없었다. 종로구 연건동에 있는 어느 권사님의 건물 2층에 들어간 대학로 본죽 1호점은 대학로라기보다는 이화사거리와 가까운, 이미 서너 명이 망해 나갔다는 후미진 골목에서 시작했다. 1,700여 매장 중 가장 위치(입지)가 떨어지는 곳이었다. 보증금을 월세로 전환하는 조건으로 배려를 해주셔서 어렵게 가게를 내긴 했지만 장사가 잘될 리 없었다.

2002년 초가을 가게 오픈하던 날, 친인척들이 와서 팔아준 것 빼고 다음 날부터는 9~12그릇 팔이가 전부였다. 벼랑 끝에 손가락 몇 개로 매달린 나, 그리고 내 발밑에는 아이들이 주렁주렁 달린 심정이었다. 절박했다.

우리의 성공요인을 물어보면 남편은 절박함이라고 말한다. 나는 고상하게 "하나님의 은혜입니다, 손님들을 주께 하듯 대접했습니다" 말하지만 같은 말일 것이다. 한두 시간에 한 명씩 오는 손님이 오시니 마치 예수님이 오시는 듯 반가웠다. 손님 한 분이라도 더 올까 봐 밤 12시까지 집에를 못 가는 날이 수두룩했다.

새벽기도 마치자마자 6시에 출근해 7시에 대학로 행인들에게 전단지 돌리고 가게로 돌아와서는 청소며 재료 준비하고 점심 장사 끝나면 근처에 스티커를 붙이러 다녔다. 초반에는 손님이 없으니 내가 가게에 매달렸다. 경동시장과 대학로를 오가며 재료를 사고 죽을 끓이며 동동거렸지만 몇 달은 월세가 밀렸다. 매일 포기하고 싶을 만큼, 감당하기 힘든 시간이었다.

하루 100그릇이 목표였는데 다다르기엔 한없이 높아만 보였다. 주위의 비웃음에도 아랑곳 않고 외국인들도 우리 집 죽을 맛보길 바라는 마음으로 영문과 일문을 넣은 메뉴판과 간판까지 만들어 올리면서 개업한 죽집. 만만치 않았다. 식당 일이라는 게 정말 어렵다는 걸 체험했다.

말수도 적고 무뚝뚝한 나는 식당이나 장사 같은 서비스업에 적합한 인간이 아니었다. 빠릿빠릿하고 센스가 좋은 부류와는 거리가 참 멀었다. 숫기 없는 나를 위해 남편이 양복을 차려입고 전단 돌리는 일을 도와주곤 했지만 초반에는 무리가 많았다.

주로 다이어트 중인 아가씨들이 와서 죽을 찾았고, 죽만 하기는 두려우니까 전통 차도 같이 했더니 동네 어르신들이 차 마시러 오는 정도였다. 그래도 하늘은 스스로 돕는 자를 돕는다고 몇몇 여직원들이 전단지를 들고 와서는 칭찬을 해준다.

"우와, 2층 외진 곳인데 올라와보니까 카페 같네요. 예쁘고 깨끗해요."

사실 죽집 같지 않은 분위기였다. 편안한 소파를 놓아 레스토랑 분위기에서 식사할 수 있도록 했다. 처음 온 손님들은 분위기에 한 번, 죽의 양을 보고 두 번, 맛을 보고 세 번, 가격을 보고 네 번 놀랐다. 다른 죽집보다 2배나 많은 양, 상상 초월의 맛, 한 끼 식사를 웃도는 가격이지만 그 값을 충분히 하는 맛과 양이었다고 만족해했다.

차츰 입소문이 나면서 손님들이 늘었다. 초반에는 정성을 다해서 손님 한 분 한 분께 주께 하듯 했는데 점심 때 30명, 50명이 몰려오니까 감당이 안 됐다. 목표의 절반인 50그릇도 제때 나가기 버거웠다.

각기 다른 메뉴를 시킬 때는 주방에서 난리, 나도 난리, 손님들도 난리였다. 4명에게 2그릇이나 1그릇이 띄엄띄엄 나오는 느리고 답답한 점심시간이 이어졌다. 나중에는 계단을 올라오는 손님 발소리가 들리면 노이로제 증상이 나타날 정도였다. 목표고 뭐고 진짜 더 이상은 못하겠다고 매일 싱크대를 붙잡고 울어야 했다.

결국 주방 식구들이 잘나가는 죽 몇 가지만 팔자는 제안을 했다. 나는 '한 그릇씩 어머니의 정성으로'라는 슬로건을 내걸었는데 한 그릇씩 쑤어 냈다가는 장사 못할 판이었다. 몇 가지 죽만 쑤어놓고 퍼주는 게 점심때는 사실 효율적이다. 자꾸만 흔들렸다. 양을 줄이고 가격을 내리는 게 어떠냐? 아이디어와 피드백이 계속 나오니까 담벼락 위를 걷는 듯 고비 중에 고비였다.

미리 해놓고 조금씩 퍼주면서 가격을 낮출 것인가? 그건 쉬운 길이었다. 아니면 하나님이 주신 노하우를 잘 고수할 것인가? 갈등에 휩싸였다. 계속 되새김질을 할수록 어머니의 고봉밥이 생각났다. 일꾼들에게 산봉우리처럼 밥을 눌러 담아준다고 어린 내가 핀잔했을 때 어머니가 정색하며 하신 말씀이 떠올랐다.

"네가 호강에 초쳐서 남의 집 밥을 안 얻어 먹어봐서
그런 소리 하는 겨. 이 긴긴 해에 얻어먹는 밥은 먹어도 먹어도 허기지는 거여. 남의 집에서 먹다 모자라도 더 달라고 말도 못하는 거고….”

그랬다. 양을 풍족하게 했던 이유는 환자나 주머니 얇은 분들만 아니라 일반인도 먹을 만큼의 식사여야 한다고 생각했다. 간식처럼 적은 양이 아니라 장정이 먹어도 충분할 만큼의 끼니가 되기를 바라서 양과 맛에 더 신경을 썼다. 게다가 한 그릇씩 쑤어주는 맞춤 조리 프로세스라서 더 드릴 수가 없으니 많은 게 나았다.

손님 입장에서, 손님을 섬기는 마음으로 퍼드리고 어머니의 정성을 담아 최상의 맛을 내야 했다. 한 그릇씩 정성껏, 최고의 맛으로 올리기를 원했다. 그게 섬김의 마음, 종부의 인심, 고봉밥 정신이었다. 문제에 부딪쳤다고 해서 양을 줄이고 가격을 낮추고 미리 해둔다면 처음의 마음을 훼손하는 것 아닌가? 문제와 초심 앞에 부끄럽고 싶지 않았다.

그렇게 고난이도 시험을 치렀다. 새벽기도 하고 나면 아침엔 새롭게, 점심부터 저녁까지 또 문제에 부딪치니 틀린 말도 아닌데 내일부터는 좀 쉽게 가볼까? 그게 모두를 위한 길일 수 있을까? 흔들리고 또 돌아서면서 지혜를 구했다.

내가 손님이라면 처음에 믿고 한 그릇씩 쑤어주는 맛있는 죽을 먹으러 왔는데 어느 날부터 양도 줄고 죽 맛도 변한다면 어떨까? 소비자 입장이라면 그건 배신 같았다. 그렇게 할 수 없었다. 대신 내가 택한 것은 낮에는 장사, 밤에는 시뮬레이션이었다.

크고 작은 테이블에서 주문할 때를 떠올리며 빌지를 가지고 연습해봤다. 주문이 오면 주방에서는 어떤 순서로 조리해야 할까? 호박죽과 전복죽이 들어왔다면 호박을 믹서에 앉히고 전복죽을 준비해서 똑같이 나갈 수 있도록 조리 프로세스를 고민했다.

다양한 메뉴를 시켰을 때는 이렇게, 똑같은 죽을 시켰을 때는 저렇게 해보자, 점심 때 빨리 서빙하려면 반찬은 미리 세팅해놓고, 포장도 반찬은 미리 준비해서 냉장고에 넣어놔야 전화 주문한 분들이 기다리지 않고 바로 찾아갈 수 있다.

시뮬레이션을 적용하고 보완하는 시간을 반복했더니 조금씩 틀이 잡혀갔다. 주방을 장악하게 됐고 포장과 테이블 회전도 잘 돌아갔다. 하루 80그릇, 100그릇을 넘어 8개월쯤 지나니 200그릇을 돌파했다. 가게 계단까지 줄을 설 정도로 손님이 늘었고 나는 어느덧 죽의 달인이 되어 있었다.

그때 하나님께서 또 한 번 큰 선물을 주셨다. 본죽이 방송을 탄 것이다. '맛집으로 죽집이 뜨고 있다, 본죽은 죽집의 인큐베이터'라고 소개해줬는데 방송 다음 날부터 즉각적인 홍보 효과가 나타났다. 이번에는 가게 계단 위로 죽집을 내겠다는 사람들이 줄을 섰다. 방송 여파로 우리는 수직상승의 타이밍을 맞았다.

기뻐하는 것도 잠시, 예상치 못한 다른 고비가 왔다. 어느 날부턴가 죽 맛을 잘 느끼지 못했다. 혀에 백태가 낀 건지 칫솔로 닦아도 없어지지 않아 병원에 들렀다. "실례지만 뭐 하는 분이세요? 혀가 다 데어서 돌기가 다 죽었네요" 한다.

아, 이제는 맛도 모르는 미각치(味覺痴)로 살려나? 글 모르는 훈장도 아니고 음식점 주인이 맛을 모르다니. 순간 눈앞이 캄캄했다. 다행히 잘 치료가 되어서 간이 좀 세지긴 했지만 맛은 보고 있다.

하루 종일 죽을 깊이 젓는 일에는 힘이 많이 든다. 팔에 파스가 떠날 날이 없는데도 장갑을 끼고 손님 죽을 쑤면 안 된다는 나름의 고집까지 부렸다. 뜨거운 죽이 튀어 올라 손과 팔에는 물집과 화상의 흉터가 빼곡했다.

오래 서서 일하다 보니 발에 감각이 없어지는 하반신 마비

증세가 올 정도로 몸이 많이 힘들었지만 그런 만큼 대가도 있었다. 어느새 나는 누가 와서 죽집을 내달라고 해도 다 내줄 수 있을 만큼 죽의 달인이 되어 있었다. 옆에서 지켜보며 안쓰러워하던 남편도 합류해 본격적으로 프랜차이즈 사업에 집중하기 시작했다.

"본죽은 역경의 열매입니다.
 하늘의 선물이자 하나님의 작품입니다."

내가 늘 고백하는 기업의 소개말이면서 인사다. 본죽의 주제는 2가지로 요약할 수 있다. 첫째 '약함이 강함이다.' 한식 중에 죽이라는 음식은 가장 약한 메뉴다. 가난하고 병든 사람이 먹는 음식이라서 단독 브랜드로 만들기에는 너무나 약하고 보잘것없는 콘텐츠일 수 있다. 그랬던 죽이 지금은 한식을 대표하는 소울푸드로, 국민 브랜드로 사랑을 받고 있다. 아이의 이유식부터 생을 마칠 때 먹는 마지막 음식까지, 일생을 함께하는 생명의 음식으로 변신했다.

병들고 가난했던, 죽 같은 내가 여러 사람들에게 생계형 개장을 열어주고 세계적 브랜드를 지향하는 사람이 되어 있으니 이것이 바로 약함이 강함이 될 수 있다는 산 증거라고 생각한다.

뭘 해도 망할 자리에서 시작한 대학로 1호점이 1,700개 이상의 매장이 나오는 메카가 되었다. 약하던 죽이 크고 강해지지 않았나. 내가 가진 약하고 부족한 결점들을 탓하기보다는, 약점들이 강한 도구로 승화되어 잘 쓰일 때, 많은 사람들에게 용기와 희망, 꿈이 되는 것 같다. 어제의 최약체(最弱體)가 내일의 완전체로 쓰일 수 있다는 것, 본죽의 약함이 여기까지 오게 된 구심점이자 메시지라고 생각한다.

둘째, '고난이 유익이다.' 호떡장사의 고생, 마음이 병드는 고통, 요리학원의 고난들은 본죽의 구성요소였다. 본죽이 이웃을 돕고 가정의 생계를 지키고 축복과 사랑의 통로가 되어 하나님의 사랑을 드러내는 기업으로 확장되는 과정에 이 고난은 모두 유익했다.

그런 단계가 없었다면 어려운 이들의 마음도 몰랐을 테고 그들을 돕는 데 내 마음을 다하기는 어려웠을 것이다. 노점상들의 형편과 처지에 처해봤으니 그들을 헤아릴 수 있었다. 내가 아파보지 않고 타인의 아픔의 정도를 가늠하기는 어렵다. 그래서 고난은 내게 유익했다. 기업을 키우는 모든 조각과 요소가 되었다.

프랜차이즈를 만드는 매뉴얼이 그 과정에서 다 나왔다고 해도 과언이 아니다. 기업을 이루고 키워서 세계적인 기업으로 가는데, 고난도 가난도 모든 것이 합력해서 선을 이루는 과정이었다고 고백하고 감사한다.

인생의 고난이나 문제 앞에 인생 전체를 비관하는 건 어쩌면 잘 모르는 소리다. 고난은 인생에 플러스로 작용하고 변장을 한 축복으로 드러날 수 있다. 고난을 통해 우리는 깊어지고 넓어지고 이 땅에 유익한 존재로 변화될 수 있다. 시작은 미미했지만 나중에는 창대해지는 그림을 우리가 다 이해하지 못할 뿐이다.

> 네 시작은 미약하였으나
> 네 나중은 심히 창대하리라
> (욥기 8:7)

고독은 축복이다
군중 속에
홀로 버려져 있다면
그것은 기회다
신을 독대할 수 있는

죽음을 생각해 보았다면
그것은 축복이다
죽음보다 위대한 삶은 없다
신은 죽음을
생애 마지막에 올려놓음으로
삶의 가장 소중한 부분으로 다루었다

포기보다 위대한 선택은 없다
손에 쥔 것을 놓아버리는 일
그것은 축복이다
신은 더 좋고 아름다운 것으로
가슴 가득 안겨줄 테니
신만이 할 수 있는

침묵으로 기다림으로
욕망에서 벗어날 수 있다면
그것은 축복이다
침묵과 인내의 고통은
신과의 접촉점이 될 테니.

고독은 축복이다

― 최복이 저, 〈고독한 날의 사색〉(2005) 중에서

한결
같다

상황에 따라
음식의 맛이 달라지고
매장의 서비스가 변하면
그것은 배신이고 교만입니다.

한결 같아야 하죠.
하지만 쉽진 않습니다.

나빠서가 아니라
세상 일들이,
사람의 일들이
우리를 그렇게 만듭니다.

그래서
'처음 마음 먹었던 그 다짐과 행동을
잊지 않게 해달라고 기도하는 것'
그것이 하나님이 주신
우리의 영업비밀입니다.

Chapter 02

성공 스토리

기쁜 마음으로
섬기기를 주께 하듯 하고
사람들에게 하듯 하지 말라
(에베소서 6:7)

Chapter
02

손님을 주께 하듯
—
집중하면 명중한다
—
어머니의 정성으로 한 그릇씩
—
가맹점 성공이 나의 성공
—
선한 기업의 선한 사람들, 본사모
—
직원은 식구이자 내부 고객
—
본브랜드연구소 최소장
—
성공과 위기는 시간차 공격

손님을
주께 하듯

'무슨 일을 하든지 마음을 다하여 주께 하듯 하고 사람에게 하듯 하지 말라'(골로새서 3:23)는 성경 말씀이 있다. 이 '주께 하듯' 정신이야말로 서비스업에 종사하는 내가 으뜸으로 꼽는 가장 중요한 마음자세다.

본죽의 기본 고객은 아픈 분들이나 아기들이다. 돈을 벌기 위해 음식을 파는 의미보다는 사람을 섬기고 약자가 건강해지도록 돕는 사명의 의미가 더 크다. 기도 가운데 이 노하우를 만드는 동안 더더욱 음식 한 그릇, 한 그릇에 정성과 사명감을 다하지 않으면 안 된다는 생각을 갖게 됐다. 초반부터 가맹점 사장님들의 교육을 맡아서 기업의 정신과 비전, 조리 노하우 외에도 섬김과 사명을 많이 강조했다.

"아기들이 태어나 엄마 젖 다음에 이유식으로 먹는 첫 음식이 죽입니다. 또 죽은 늙고 병들어 이 세상을 떠날 때 먹는 마지막 음식이 되기도 합니다. 우리 본죽은 배고플 때 먹는 음식을 넘어서 한 사람의 첫 음식이자 마지막 음식이 되기도 합니다. 생명을 돌보고 소생시키는 죽이기에 저는 '사명음식'이라고 생각합니다. 돈 좀 더 벌자고 나쁜 재료를 섞어 대충 만들거나 정성을 들이지 않거나 손님을 속이는 것은 죄악입니다."

돈벌이를 위해 천하보다 귀한 생명을 가벼이 여기는 것은 죄라고 단호하게 말했다. 처음에는 안 망하는 브랜드니까 편하게 찾아왔다가 교육 후에는 옷깃을 여미고 돌아가는 사장님들이 많았다. 그분들도 '어머니의 사랑, 맛있는 건강'이라는 본죽의 슬로건과 사명감을 품고 같은 마음으로 일할 수 있기를 바랐다. 손님을 맞을 때는 주께 하듯 해야 한다는 내 마음과 정신이 교육으로도 흘러나가게 됐다.

거듭 강조하지만 주께 하듯이 손님을 대접할 때 하나님이 축복한다는 믿음과 첫 마음을 지키는 것, 우리의 성공 비결은 주님께 하듯이 손님을 모시겠다는 섬김이다. 기분과 상대에 따라 변하지 않는 한결 같은 섬김, 그것이 중요하다.

집중하면
명중한다

"한마디로 집중입니다."

본죽의 성공 노하우를 묻는 질문에 나는 집중을 강조한다. 정말 본죽을 차린 후에 다른 걸 생각할 틈도 여력도 없었다. 하루 100그릇을 목표로 사력을 다했고 그 뒤로는 손님들을 잘 섬겨야 하니까 '어떻게 하면 손님들에게 최상의 맛과 최고의 섬김으로 대접할 수 있을까?'에만 집중했다.

가맹점 사업이 시작됐을 때 내 어깨를 무겁게 한 책임감을 잊을 수 없다. 퇴직금과 전세금을 탈탈 털어서 오신 생계형 사장님들이니 본죽으로 꼭 성공해야만 했다. 온 식구의 생계를 책임졌던 내 경험이 있었으니 동병상련의 사장님들도 꼭 성공하기를 간절히 원했다.

처음에는 소비자 만족과 소비자 섬김에 집중했다면, 다음에는 우리 내부 고객인 가맹점 사장님들이 어떻게 하면 성공할 수 있을까에 집중했다. 어떻게 하면 우리 매장이 소비자 감동을 일으키고 어려움 없이 가맹점을 잘 경영해서 자녀들도 잘 키우고 꿈을 이루며 살아갈 수 있을까? 그게 내 의무이자 책임이고 고득점을 따야 할 숙제였다.

우리를 믿어주는 사장님들과 비즈니스 파트너로 함께 가야 하는데, 본사면서 창업주면서 리더로서 이들을 모시고 도울 수밖에 없다. 마땅히 내가 해야 할 최고의 역할이고 사명이었다. 다른 건 일체 볼 수가 없었다. 오직 본죽으로 손님들을 만족시키고 가맹점 사장님들이 잘 배워서 자기 동네에서 유명한 집이 되고 목적을 이루기를, 잘못되는 매장이 하나도 없도록 온 정성과 사랑을 쏟았다.

초창기에는 3일 내내 가맹점 사장님들과 동고동락하면서 교육을 했다. 죽 쑤기, 레시피, 서비스, 손님 접대, 마인드 교육과 세무까지 내 모든 걸 3일 만에 쏟아드렸다. 교육자료나 인쇄물 하나 없이 교육 내내 사장님들이 전부 받아쓰게 했다. 돌아갈 때는 매장 오픈 프로세스를 30분 단위로 정리해 3일 동안 준비할 수 있는 매뉴얼을 만들어 손에 쥐어드렸다. 내가 모든 단계를 거쳐보고 겪어봤으니 그 모든 게 가능했다. 가게 오픈 후에 생길 어려움과 문제, 해결책까지 다 쥐고 있으니 온전히 내드렸다.

"광고지는 매장 오픈 2주 후 또는 1달 뒤부터 돌리세요. 마음은 급할지 몰라도 실습과 워밍업 기간이 반드시 있어야 됩니다. 그래야 손님들에게 최고로 준비된 맛을 보일 수 있고 최고의 서비스를 제공할 수 있어요. 손님들이 기다린다고 대충 나가거나 우왕좌왕 서빙하면 맛없다, 초짜다 소문나서 재방문이 어려워집니다."

손님이 몰려 와도, 많이 와도 감당할 수 있을 만큼 초반 서비스와 레시피 교육을 철저히 했다. 가맹점이 하나둘 열리며 500개 오픈 때까지는 전국을 다니며 진두지휘를 내가 다했다. 하루 전날 내려가서 죽의 맛을 보고 매장 전체를 확인한 후에 오픈할 정도로 깐깐하게 살폈더니 '귀신'이라는 별명이 붙기도 했다.
한번은 전주에 내려갔을 때 준비도 안 된 상태에서 손님을 받고 있는 매장이 있었다. 즉시 손님을 정중히 보내고 처음부터 점검을 했다. 잘못된 부분, 미비한 것들이 너무 많았다. 다시 철저히 준비해달라, 다음에 다시 오겠다고 하고 그냥 올라와버렸다. 아무리 일정이 빡빡해도 대충할 수 없다. 다시 전주에 내려갔더니 밤새 개점 준비를 철저히 해놓았고 나는 오케이를 했다. 그 자리에 서서 간절히 기도하며 그곳의 성공을 빌었다.

사장님들은 좀 힘들었겠지만 지금까지 본죽이 롱런할 수 있고, 지방 사장님들을 일일이 감시감독하지 않아도 건강한 식문화와 맛을 지킬 수 있었던 근간이라고 본다. 짧은 교육이었지만 사명감을 끌어내줬던 일, 사장님이 진짜 잘되기를 바란다는 마음과 사랑이 통했던 것 같다.

교육 마지막 날에는 성공 특강을 2시간 정도 하는데, 동기부여 강의를 꼭 했다. 나도 어려운 시간들을 극복했다는 걸 말씀드리고 그분들도 할 수 있다는 자신감과 자부심을 가지고 출발할 수 있도록 응원했다.

정말로 집중했다. 어떻게 하면 사장님과 고객들이 모두 본죽을 만족해할 수 있을까에 온 신경과 마음을 쏟았다. 그래서 본죽의 성공은 집중과 명중에서 나왔다고 단언한다. 집중하면 명중한다. 궁수가 활을 쏠 때 과녁에 집중하지 않고 어떻게 명중할 수 있겠나? 관중의 소음에도 더운 날씨에도 흔들리지 않는, 그들의 뚫어질 듯 고정된 시선을 기억한다.

옆도, 뒤도 못 보게 눈가리개를 하고 달리는 경주마처럼 초반부터 오직 소비자 만족과 사장님 가게의 성공을 향해 전진했던 것이 성공의 키워드다. 오로지 집중과 명중뿐이었다.

어머니의 정성으로
한 그릇씩

정성과 건강과 사랑을 본죽의 핵심어로 삼고 처음부터 이 슬로건을 내세웠다. 죽은 오래 많이 끓여서 퍼주는 게 평균적인 조리법이지만, 우리는 한 그릇씩 쑤는 노하우를 가지고 있다. 사람들은 한 그릇 조리법을 잘 이해하지 못했다. 어떻게 팥죽이나 호박죽을 한 솥도 아닌 한 그릇씩 쑤느냐고 되묻는다. 그러니까 노하우가 아닌가!

물론 쉽지 않았다. 죽 한 그릇 쑤는 데도 10분이 걸렸다. 그나마 10분으로 단축 가능했던 것은 모든 재료를 미리 준비해놓았기 때문이다. 10분 끓이기에는 이미 이전에 준비한 한두 시간이 내포되어 있다. 한 예로 호박죽을 쑨다고 하면, 호박을 미리 쪄

놓고 파도 삶아놓고 쌀가루도 갈아놓아야 한다. 이렇게 준비된 재료를 끓이고 젓는 데만 10분이 걸리니 손님들에게는 안 보여도 주방의 작업량은 상당히 많은 편이다.

    반찬으로 나가는 장조림을 예로 들어본다. 장조림은 종갓집 종부였던 내 친정어머니의 노하우에서 나왔고 개선을 거듭해 지금은 감칠맛이 더 좋아졌다. 핏물을 빼고 기름을 제거한 소고기(우둔살이나 사태)를 삶아서 간장과 여러 재료를 넣고 뭉근하게 조린 후 고깃결대로 찢어야 장조림이 된다.
    소고기를 10근씩 찢어대면 손톱이 뒤로 넘어갈 정도였지만 초창기에는 남편과 시어머니까지 온 식구가 동원되어 장조림 찢는 일에 매달렸다. 본죽을 처음 낸 사장님들도 온갖 식재료 준비로 12시 전에 귀가를 못 할 정도라고 한다.
    한마디로 정성이었다. 손이 많이 가고 시간이 걸리더라도 또 비싸더라도 좋은 재료와 정성을 담은 음식. 특히 우리가 공들인 아기죽은 1년 넘게 걸린 연구와 시험을 통과해서 나온 작품이다. 아기 키우는 직원들의 영유아원과 연계해서 아기들에게 영양죽을 먹여봤다. 노란 똥이 나올 때까지, 좋은 재료와 온 정성을 들여서 만들고 살피는 데 1년이라는 시간은 짧았다.

연구소어서 만든 노하우를 직영점에서 테스트하고 수십 개 매장에서 2차, 3차 테스트를 거친다. 소비자 반응을 살핀 후에 신메뉴로 출시되기까지 계속 보완한다. 때에 따라서는 소비자 공모를 해서 소비자들이 추천한 레시피와 메뉴를 출시해보기도 한다. 소비자 의견을 존중하고 부모와 아이들이 함께 먹는 식사로 손색없게 하는 일이 우리의 임무다. 이런 책임감과 정신이 무너지면 큰일난다고 생각한다. 그렇기 때문어 해외에서도 '어머니의 사랑, 맛있는 건강'이라는 동일한 가치를 지켜나가고자 노력하고 있다.

사랑과 정성은 스비자의 감동으로 이어지는 조용한 소통법이다. 우리 기업이 콩런하는 핵심인 만큼 모든 요소가 더 조화롭게 갈 수 있도록, 변질되지 않도록 노심초사하고 있다. 계절과 온도에도 영향을 받는 먹거리니 만큼 한 끼니, 한 끼니 살얼음판 걷듯 살펴가야 한다.

변함없는 사랑과 정성으로 소비자와 가맹점을 섬기고 어려운 이웃들을 돕고, 나아가 본죽&비빔밥으로 전 세계인의 건강을 섬기는 우리 기업이 되기를 바란다.

가맹점 성공이
나의 성공

"프랜차이즈는 교육사업입니다."

프랜차이즈 사업은 고객 감동과 수익구조를 일으킬 모델과 매장을 잘 만든 후 그 일을 하고자 하는 분들에게 잘 전수해서 가맹점 또한 성공적으로 운영해 나가도록 돕는 일이다. 따라서 전국 어디서든지, 누가 만들든지 하나의 맛을 낼 수 있도록 잘 가르치고 점검해야 한다.

처음부터 끝까지 프랜차이즈는 교육의 연속이다. 사장님들을 위한 오픈교육, 매장 운영교육, 서비스교육, 위생교육, 고객관리교육, 세무교육 등 모든 것이 다 교육으로 이루어진다고 해도 지나치지 않다. 그래서 직원들에게 우리는 음식과 경영 노하우를 전수하는 교육사업가들이라고 강조하곤 한다.

"첫 단추를 잘 꿰어야 성공할 수 있습니다. 처음부터 원칙을 철저히 지켜야 합니다. 사장님들도 지역 주민들에게 사명음식을 대접한다는 마음으로, 죽 한 그릇에 영혼을 담아주십시오. 돈 좀 더 벌겠다고 음식을 함부로 하지 다십시오. 어떤 손님이라드 가벼이 여기지 마십시오!"

망하지 않으니까, 잘나가는 프랜차이즈니까 본죽을 택하러 왔다가 본죽의 기업정신, 사명과 비전에 대한 마인드 교육을 받고 돌아갈 때는 사장님들도 다들 무거운 책임감을 느낀다고들 한다. 그 '첫 단추 교육'이 현장으로 돌아가 매장을 잘 운영하고 지금까지 롱런할 수 있는 밑거름이라고 생각한다. 대표이사가 되어서도 사장님의 첫 교육은 내가 가장 심혈을 기울여 설명하는 시간이다.

특히 죽에 대한 사명감을 고취시키는 사명교육에 집중했다. 이 땅의 첫 음식이자 마지막 음식이 될 죽, 국민 음식이면서 국민 브랜드가 된 죽이 아닌가. 가끔씩 상갓집에 문상을 가면 뜬금없이 상주에게 고맙다는 소리를 듣는 것도 죽 때문이다. '우리 엄마, 아버지가 내가 사다 드린 본죽을 오래 드시다 돌아가셨다'고. '암환자로, 요양원에서 아무것도 못 드실 때 따끈한 한 숟가락이 너무 고마웠다'고. 나도 따라 가슴이 뭉클해지고 눈물이 솟을 정도로 사명감이 다시 뜨거워진다. 그래서 이 얘기를 사장님들께 꼭 나눈다.

스타벅스의 슬로건처럼 커피 한 잔에 마음을 쏟기(pour your heart into it)를 바라기 때문이다. 우리는 음료 이상의 끼니이자 보약이자 건강식이기 때문에 더욱 그렇다. 음식 장사 이상의 의미를 부여하고 사명감을 갖게 하기, 생명의 음식을 만들고 있다는 자부심으로 일하기, 죽 한 그릇에 온 마음과 영혼을 다하기, 내 가족을 먹인다는 마음으로 사랑과 정성을 다하기, 이 모든 것을 초지일관으로 관철해내야 한다.

교육 마지막 날에는 성공 특강을 한두 시간 정도 꼭 한다. 한 분 앞에서도 등에 땀이 나도록 강의한다. 가게 운영하는 법, 죽 쑤는 마음, 직원과 주방 식구, 알바 대하는 법, 좋은 재료 사는 법 등을 설명하면서 끝자락에는 신앙을 가지라는 말씀도 꼭 드린다. 내가 이렇게 된 것은 하나님의 성경 말씀을 지키기 위해 몸부림쳤기 때문이라고, 하나님의 축복을 나누고 선한 브랜드로 꾸준히 갈 수 있는 건 성경에 뿌리를 두고 있다고, 내 삶의 기준이자 내 인생의 나침반이기 때문에 이 부탁을 꼭 드리고 마무리한다.

어떤 날은 꾀가 좀 나서 매 주 한두 명 교육하는 것보다는 5명 이상 모아서 강의할까도 생각해보고 있었는데 기도 중에 정말 중요한 메시지를 얻었다.

"왜 사장님 한 명을 단 한 명으로만 보느냐?"

점주 한 명 뒤에는 50명, 100명 아니 수많은 잠재적 소비자들이 있다. 그들이 사장님의 매장에 와서 보고 배울 수 있지 않는가. 그렇게 사장님의 영향력이 지역으로 흘러나갈 수 있다는 보이지 않는 진실을 깨닫고는 꾀부리거나 핑계대지 않았다. 여기 100명이 앉자 있다고 생각하고 교육해야 한다는 마음을 주셨다.

내 인생의 보람이자 기쁨을 들라면 본죽을 통해서 많은 이들과 성공을 공유하고 그분들이 가업으로 매장을 운영하면서 즐겁게 살아가는 모습을 보는 일이다. 생업을 교육해서 함께 잘되는 상생의 과정은 정말 대단한 보람이다.

가맹점 사장님들은 우리 기업과 브랜드 가치를 공유하고 땀으로 이뤄주신 분들이다. 우리 브랜드가 지속되는 데는 사장님들과 소비자, 협력사 모두가 한 마음 한 뜻이 되어서 브랜드를 지켜내는 성실한 노력에서 비롯되었다고 본다. 한 개인의 브랜드가 아니라 우리의 브랜드, 국민의 브랜드, 세계로 가는 한식 대표 브랜드가 된 것은 모두의 공동작품이라고 생각하고 감사한다.

또 강조하지만, 이렇게 되기까지 내 마음은 사장님들의 성공에 집중했다. 내 매장을 오픈하던 때보다 더 많이 기도했고 더 중요하게 챙겼다. 이분들에게 본죽은 생의 마지막 보루거나 재산의 올인이기도 해서 정말 잘돼야 했다. 나 또한 온 힘과 정신을 올인하고 집중했다. 이분들의 성공이 나의 기쁨이기에 개점 전후로 계속 소통하고 또 점검했다.

오늘은 어제보다 몇 그릇 더 팔았다면서 예상 기대치까지 다다라야 휴 하고 안심이 되던 나날이었다. 마치 내가 부모가 된 것 같은 마음으로 사장님들의 매출을 확인하고 노고를 격려했다. 사장님들이 지금까지 나를 지지하고 신뢰해주는 건 그때의 내 진심을 알아주셨기 때문 같다.

선한 기업의
선한 사람들, 본사모

본사모(본을 사랑하는 가맹점의 모임) 즉, 본죽 가맹점 사장님들의 공식 모임을 만드는 데 본사 대표인 내가 앞장서서 도왔다. 본사와 가맹점 중간 지점에서 다리 역할을 해주십사, 가맹점들의 지역 리더가 되어 주십사 부탁했다. 지금은 본사가 강조하는 섬김의 가치를 이분들이 더 적극적으로 공유하고 협력하고 있다.

본사모는 가맹점주들이 합력해서 선을 이루고자 하는 마음으로 모인 봉사 동아리다. 건강과 행복의 전도사라는 미션을 띠고, 100년 명품 본죽이라는 비전을 품고, 본(원칙, 신뢰)과 정성을 다하는 이들이 모였다.

아울러 본사에 필요한 개선사항과 의견도 주시기에 본사모와 자주 소통하고 의견을 반영하려고 노력한다. 가맹점마다 빈곤아동을 키워주는 가맹점도 있고 가정의 달이나 크리스마스 때 쌀을 기증하는 가맹점도 있다. 봉사활동으로는 주말마다 짬을 내어 지역의 결식 위험이 있는 어르신 요양시설이나 장애인 센터, 소아암 환아, 미혼모자시설, 공부방 청소년 등을 찾아가 죽으로 섬기고 쌀과 김치, 라면 등 식자재도 지원하고 있다.

사회취약층을 위해서라면 거리에 상관없이 어디든지 달려가 봉사하는 열혈 모임이다. 처음에는 내가 진두지휘했지만 지금은 본사모가 찾아가는 봉사 일정을 잡아서 나를 초대해주는 역전이 벌어졌다. 그렇게 내려갈 때마다 얼마나 뿌듯한지 모른다. 사장님들과 함께할 때마다 보람과 감동과 감사가 넘친다. 이분들 덕분에 우리 기업은 롱런할 수 있을 것 같다.

자선냄비와 연계해 대량의 죽을 끓일 수 있는 봉사용 죽차를 싣고 전국을 다니며 본사모는 활약하고 있다. 여름에는 어르신들에게 삼계죽을, 겨울에는 동대문 쪽방촌 주민들에게 동지팥죽과 생필품 등을 나눈다. 본아이에프 임직원과 함께 4,000포기의 김장김치도 나누고 바자회에도 팔을 걷어붙였다.

크리스천 사장님들의 참여도 큰 힘이 된다. 미션기업의 뜻에 적극 동참해주셔서 장애인댄스대회, 장애인축구대회, 행복나눔 바자회, 몽골 해외봉사까지도 든든하게 함께할 수 있었다.

장사하느라 바쁜 가운데도 사내 모임처럼 사명워크숍도 하면서 자주 만나는 일이 즐겁고 특별하다. 사장님들과 함께 창업주인 나도 보람과 가치를 나누니까 기쁨은 배가 된다. 우리 기업이 세상 사람들에게도 본이 되고, 선한 일의 연결과 확장에도 본이 되는 것 같아 감사하다.

협력 가족이라고 부르는 협력업체 사장님들도 우리 기업의 나눔 가치와 행사에 흔쾌히 동참해주셔서 더더욱 감사하다. 이 모든 것이 협력해 음식으로 즉각적인 행복을 나누고 봉사로 행복을 증강시키는 증강행복을 실현하고 있는 것 같아 귀하고 복되다.

가맹점 사장님의 성공이 나의 성공이라는 믿음에는 변함이 없다. 내 첫 번째 기도제목도 사장님들이 잘되는 일이다. 그래서 모든 교육과 강의를 챙기고 정보를 공유한다. 나를 지지하고 믿어주신 사장님들께 감사드리고 나 또한 교육자적 책임을 지고 있기에 공부와 연구를 멈추지 않는다. 연합해서 함께 만들고 같이 누리며 두루 섬기는 브랜드가 되어 자랑스럽다.

자선냄비와 연계해
대량의 죽을 끓일 수 있는 봉사용 죽차를 싣고
전국을 다니며 본사모는 활약하고 있다.

여름에는 어르신들에게 삼계죽을,
겨울에는 동대문 쪽방촌 주민들에게
동지팥죽과 생필품 등을 나눈다.

직원은 식구이자
내부 고객

　　직원들, 가맹점 사장님, 가맹점의 주방 매니저와 아르바이트까지 우리 부부는 모두 식구라고 부른다. 식구는 말 그대로 한솥밥 먹는 사람들이다. 본죽의 식구인 만큼 어느 한 부분도 소홀히 대하거나 홀대받지 않기를 바라는 마음이다. 식구가 늘다 보니 여기저기 문제가 생기고 '갑질한다'는 말이 들릴 때마다 가슴이 뜨끔거린다.

　　정규직과 비정규직을 진짜와 가짜로 부르며 차별하는 시대라지만 우리는 그냥 한 식구로 본다. 이 책을 통해서 다른 분들에게도, 우리 식구들에게도 섬김 정신이 다시 한 번 다져지기를 비는 마음이다. 우리는 같은 가치를, 같은 방향을 추구하는 식구들이다. 식구의식을 강조하는 이유는 멀리 있는 이웃도 중요하지만 가까이 있는 우리 식구부터 일하는 기쁨과 행복을 충분히 누려야 한다고 생각해서다. 죽 한 그릇으로 누군가에게 유익을 끼치고 행복을 돕는 사람들이니, 처음부터 우리 기업이 추구하는 방향을 공유하는 한 식구가 되기를 늘 바라고 있다.

우리 부부는 식구들에게 동심원의 원리를 강조하곤 한다. 나 하나에서 시작해 가까이 있는 사람들에게도 섬김과 영향력이 점점 퍼져나가는 확장을 중요시한다. 그래서 나와 가까운 직원들은 매우 중요한 인사들(VIP)이다. 우리 직원들이 1차 내부 고객, 사장님들이 2차 내부 고객들로 동심원을 함께 그려 나가는 파트너다.

엄밀히 따지면 가족이 1차 내부 고객이겠지만 오너인 나에게는 직원들도 가족이고 고객이다. 내 딸들이 자라듯 직원들의 성장 또한 중요하게 생각하고, 하루하루 기쁘고 의미 있게 직장생활하기를 바란다.

아울러 인품과 능력이 조화로운 인재상을 지향한다. 사람에 대한 사랑과 탁월한 자기 역량을 갖추고 범사에 감사하는 인재, 우리의 일로써 모두의 행복을 돕고 더 큰 사명을 이뤄가는 사명 기업의 멤버임을 강조한다.

밥벌이로 일하기보다는 직업이 소명이 될 수 있도록, 내가 하고 있는 일이 이 세상을 아름답게 하도록, 나와 타인의 성공과 행복을 돕는 일이 되도록, 스스로 가치와 보람을 느낄 수 있도록 계속 동기부여하는 편이다.

해마다 비전워크숍, 사명워크숍, 감사워크숍을 열어 직원 한 명 한 명의 생각을 발표하고 서로 피드백을 해준다. 가을에는 가나안농군학교를 찾아가 인생을 성찰하고 돌아보게도 한다. 쪽방촌 섬김의 날에는 전 직원이 가서 점심 봉사도 하고 도배와 청소도 해드린다. 노인이나 장애인을 위한 행사 등에도 참여해 진행을 돕는다.

매달 추천도서를 함께 읽으며 지식의 성장, 능력의 성장, 인품의 성장이 함께 이뤄질 수 있도록 지원하고 독려한다. 아울러 선한 가치관상 같은 포상제도도 병행하고 있다. 상품이나 물질적 포상 외에도 영업실적이나 지식의 성과를 낸 직원들에게는 포상여행을 통해 세상을 바라보는 시야를 넓혀주고자 한다. 우리가 섬기고 사랑해야 할 방글라데시, 네팔, 몽고로 봉사여행도 떠나고 미국이나 유럽 같은 선진국으로는 비전트립(vision trip)도 다녀오고 있다.

우리 식구, 특히 내부 고객인 직원들이 성장할수록 섬김도 커지고 기업도 커나갈 수 있다고 본다. 이 모든 것이 소명이자 보람이고 자부심이면서 각자의 비전을 이루는 과정이 되기를 바라는 마음 때문이다.

우리 식구가 모두 잘되고 더 멋지게 변화되기를 노력하고 기도하고 있다. 기독교 정신은 한마디로 사랑이다. '네 이웃을 내 몸과 같이 사랑하라'는 예수님의 지상명령은 크리스천뿐만 아니라 인류에게 요구되는 실천덕목이라고 본다. 우리 기업의 방향을 예수님의 사랑과 명령에 맞추고 나아가고 있다.

더불어 우리 사장님들과도 같이 가야 한다. 직원 교육과 아울러 사장님 교육으로도 사랑을 퍼뜨려나간다. 본사모 모임과 본사랑재단을 통해서 우리 기업의 가치에 협력하고 선을 이뤄가는 데 물질과 뜻을 모으고 있다. 11월에 종로 젊음의 거리에서 개최한 '행복나눔바자회'는 기업, 가맹점, 협력사까지 물품과 물질로 후원하고 참여해 축제처럼 즐겁게 치렀다. 수익금을 모아 우리가 운영하는 방글라데시의 고아원 운영비에 보탰다.

협력해서 선을 이루는 행사는 여러 모양으로 계속되고 있다. 바람이 불면 수면 위에 파문이 퍼져나가듯, 한 내부고객이 다른 외부고객을 섬기는 선순환이 은근하게 증폭될 수 있도록 기업을 경영하고 있다.

본브랜드연구소 최소장

내 첫 타이틀은 본브랜드연구소 소장이다. 가맹사업이 시작된 이후에는 레시피 개발과 경영관리를 위한 연구소가 더 절실해졌다. 대학로 1호점 건물에서부터 2층은 매장, 4층은 기도실, 5층에는 R&D 센터를 꾸미며 시동을 걸었다. 신메뉴 개발부터 브랜드 연구까지 다양하게 고민하고 시도하던 이 작은 실험실은 브랜드의 확장과 성장에 어마어마한 역할을 했다.

슬로건은 법고창신(法高創新), 옛것을 잘 지키되 더 새롭게 창조해내는 연구소, 온고지신의 브레인이 되겠다는 다짐으로 많은 메뉴를 개발해냈다.

사실 본사로서 가맹점에 필요한 것들을 츠반에 모두 공급하지는 못했다. 프랜차이즈 교육을 받는 분들은 본사가 다 공급할 거라고 믿고 계약하는 건데 우리는 역으로 가맹계약 후에 공급할 노하우를 만들어서 제공하는 모양새였다. 용감무쌍한 초창기라서 그랬는지 몰라도 다른 프랜차이즈 사업과는 사뭇 달랐다.

1인분씩 준비하고 만들고 공급하기(전복죽과 해물죽이 제일 먼저 됐고 거기서 차츰 응용했다), 상품의 스펙을 만들고 계량화하기, 유통·물류시스템까지 모두 연구소의 실적이었다.

죽에 이어 2번째 브랜드인 본죽&비빔밥도 여기서 나왔다. 미국과 일본에 우리 브랜드를 적용하고 오픈하는 준비도 함께 하면서 다른 나라에는 어떻게 가져갈까 무진장 머리를 짜냈다. 그러면서 아기죽도 나왔고 베이비본죽, 아침엔본죽 같은 프로덕트(제품)도 탄생했다. 매장 하나로 시작된 본죽이 사람처럼 핏줄과 피부가 붙으며 유기체로 진화하고 변신하는 느낌이었다.

무경험자인 내가 식품연구소도 아닌 브랜드연구소를 차려서 굴려왔으니 내 스스로도 큰 성장을 이룰 수 있었다. 대청국수, 본우리덮밥, 본불고기플러스 등 수많은 시행착오를 거쳐 성장해가고 있다. 미국 출장 이후로 기존의 브랜드와 믹스매치(mix match)한 본죽&비빔밥, 본죽&도시락이 출범하게 되고 이어서 해외 매장 콘셉트와 운영매뉴얼까지 생산했다.

브랜드 유지와 성장을 위해 점주 교육을 심화할 시스템의 필요도 느꼈다. 그래서 세운 것이 본브랜드연구소 교육센터였고 이 작은 시작은 주식회사 본월드로 확장되는 밀알이 되었다.

연구소의 기능은 브랜드를 브랜드답게, 기업을 기업답게 하는 것이다. 브랜드와 음식 연구를 거듭해 지금의 한식 대표 브랜드를 낳게 되었다. 돌아보면 본브랜드연구소 최소장이었을 때가 참 좋았다. 정말 열심히 일했던 집중의 시간이었고 그만큼 성취와 보람도 컸다.

물류센터와 교육센터 나아가 해외사업까지 태동된 곳에서 유능한 직원들이 모여 연구에 박차를 가하고 있으니 또 감사하고 기대가 크다. 노인과 환자를 위한 맞춤형 실버죽 개발도 진행해봤으니 향후 더 큰 작품과 유익을 기대해본다.

성공과 위기는
시간차 공격

    본죽은 8년 만에 한국의 대표 프랜차이즈 회사로 우뚝 서게 된다. 2010년도에는 그야말로 본죽의 해, 그랜드 슬램의 해였다. 중소기업청장상, 지식경제부 장관상, 대통령상까지 수상하면서 우리 기업은 매장 1,000개 돌파, 1,000억 매출 달성 같은 기적의 목표를 성취했다.

    단시간에 쓴 성공신화라고 이 방송, 저 방송에서 인터뷰 요청이 밀려왔다. IMF 이후 재기한 기업가로, 죽이라는 블루오션을 개척한 기업으로 세간의 주목을 받았다. 성공 사례로 회자가 되면서 신문, 잡지와 방송에 응하느라 바빴다.

그런즉 선 줄로 생각하는 자는 넘어질까 조심하라

(고린도전서 10:12)

세상 사람들의 관심과 박수갈채를 받으니 자고(自高)했던 것 같다. 사장님들과 어려움을 나누는 친밀한 관계를 유지해왔는데, 이때는 나를 찾아와서 불만과 어려움을 토로하는 일이 많았다.

초반에는 몇 그릇 팔았는지 자주 통화하고 확인했는데 그 무렵에는 사장님들이 와서 내 매장과 너무 가까운 곳에 또 매장이 들어오니 매출이 떨어졌다, 파이도 작은데 나눠 먹기하느라 힘들다는 애로사항을 쏟아냈다. 가맹점이 1,000개가 넘어서니까 한 지역에서 가맹점끼리 부딪치기 시작했다.

그때 초심을 잃었던 것 같다. 나는 그런 토로를 피곤해했고 오히려 사장님들이 이기적으로만 보였다. 브랜드 파워는 그 지역에 여러 가게가 생길 때 더 강해진다. 당장 매출이 주는 것 같지만 그 지역에서 톱이 되고 더 힘이 생길 테니 나중에는 더 좋아질 거라고 설득하는 사람이 되었다.

나 자신도 모르게 교만해졌다. 사장님들의 입장에 대한 이해가 초반 같지 않았다. 그래도 기도하는 사람으로서 가끔씩 이분들의 이야기가 두려움으로 다가오기는 했다. '하나님은 혹시 나보다 이분들의 기도를 더 들어주지 않을까?' 의구심이 들었다.

임직원들은 모두를 다 만족시킬 수는 없다, 불만에 너무 귀 기울이면 기업이 전진할 수 없다고 일축하기도 했다. 그것도 일리 있는 말이라고 수용하고 가맹점의 문제를 가볍게 여겼던 것이 지금은 후회와 교훈으로 남는다.

2010년에는 창업과 성공스토리가 일간지에 연재되면서 성공한 줄 착각하고 교만해져 있는 사람이 되었다. 잠깐의 영광에 도취되어 그 순간이 영원하리라 방심했던 나를 셰익스피어는 얼마나 잘 간파했는지. '행운이 계속되면 사람의 행운을 망쳐놓는 자만심이 생기게 마련이지.'

자만심은 예상치 못한 위기로 데려가는 길잡이가 됐다. 세상 사람들이 말하는 성공이, 높아졌을 때가 위기라는 것을 나는 맛보아 알게 됐다. 2011년도에는 집안에도, 기업에도 이중, 삼중의 어려움이 닥쳤다.

초심을 잃었던 것 같다.
나는 그런 토로를 피곤해했고
오히려 사장님들이 이기적으로만 보였다.

브랜드 파워는 그 지역에
여러 가게가 생길 때 더 강해진다.
당장 매출이 주는 것 같지만
그 지역에서 붐이 되고 더 힘이 생길 테니
나중에는 더 좋아질 거라고 설득하는 사람이 되었다.

결국
사람이다

— 최복이 저, 〈내가 두고 온 우산〉(2008) 중에서

결국 사람이다
오늘 내가 안고 있는 모든 문제는
나를 기쁨으로 벅차게 하는 것도
고통으로 신음하게 하는 것도
왜 살아야 하는지 존재를 고민하는 것도

결국 사람이다
천지를 창조하고 지금까지 붙잡고 있는 이유는
오늘 내가 어디로 가야 하는지 방황하는 것도
내가 선택한 것의 대가를 두려워하는 것도
사랑이 모든 초점이 되는 것도

결국 사람이다
불면의 밤으로 새벽을 맞는 이유는
지금까지 살아온 또 앞으로 살아갈 힘도
곁에 붙잡아 두고 싶은 욕망도
끝까지 매달려도 풀지 못하고 갈 숙제도

결국 사람이다
오늘 열망하고 또 인내하는 목적은
내가 호흡하고 바다로 흘러가는 것도
인연으로 묶어서 끝까지 의미를 부여하는 것도
천하를 주어도 바꿀 수 없는
사랑의 가치를 가진 것도

결국 사람이다.

살얼음판을 걷다

겨울에 들어서면
저수지의 물이 얼기 시작합니다.
그런데 이 풋내 나는 얼음판은
언제 깨어질지 모르죠.
그래서 그 위를 걸을 땐
온갖 신경을 곤두세워야 합니다.
발걸음 하나하나.
몸 움직임 하나하나.

음식을 만드는 일도 똑 같습니다.
생명과 직결된 것이기 때문이죠.

'살얼음판 걷듯 기도하며 음식을 만드는 것'
그것이 하나님이 주신 우리의 영업비밀입니다.

Chapter 03

위기관리
혁신과 성장

교만은 패망의 선봉이요
거만한 마음은 넘어짐의 앞잡이니라
(잠언 16:18)

Chapter
03

위기의 바람, 혁신의 열매
———
사람과 시스템을 바꾸자
———
살얼음판의 연속
———
존재의 위기와 성숙

위기의 바람,
혁신의 열매

　첫 번째 위기는 가맹점이 200개쯤 모였을 때 왔다. 개인사업자로 규모 없이 계속 달리다가 세무조사를 한번 세게 얻어맞고 그만두느냐, 앞으로 가느냐의 기로에 섰다.
　우리는 다시 일어서기로 했다. 이참에 제대로 사업을 해보자는 마음에 물류사업까지 갖추는 계기로 삼았다. 세무조사로 벌었던 돈을 몽땅 세금으로 내야 하는 위기가 오히려 규격을 갖춘 기업으로 단장하는 계기가 됐다. 초반에 얻은 중요한 터닝포인트였다.
　오픈 교육과 매장 운영 점검 등 가맹점 400개쯤까지 나 혼자 하다가 건강에 이상신호가 왔다. 소파에 앉아 있다가 옆으로 픽

쓰러지더니 어지러워서 머리를 들 수 없었다. 신체 중심을 잡아주는 달팽이관 속에 균형 잡는 부분이 깨져서 어지럼증이 왔다는 것이다.

1주일을 쉬면서 많은 생각을 했다. '이렇게 가다가는 내가 죽을 수도 있겠구나.' 1주일에 서너 개, 많게는 여덟개 가게를 오픈한 적도 있었다. 오픈과 교육이 줄줄이 밀려 있었는데 이제 내 몸에 한계가 온 것 같았다.

이제는 혼자 하면 안 된다는 걸 깨닫고 교육시스템을 갖춰야겠다고 움직였다. 인재를 채용해 위임을 하고 일을 나눴다. 오픈지원팀을 구성하고 교육과 실습도 3, 4개조로 나눴다. 교육센터를 만든 후로 나는 기업정신과 마인드 교육, 동기부여를 하는 성공학 특강만 맡았다. 전문 팀으로 돌아가니 교육과 재교육, 정기교육 등 교육의 질과 연속성이 더욱 높아졌다.

첫 번째 세무 바람은 산들바람이었다. 기업의 진짜 위기는 방송 바람에 강타 당했을 때였다. 2011년 겨울, 불만OO 프로그램에서 몇몇 가맹점이 죽을 재활용하고 중국 김치를 몰래 사용하는 등 지저분한 음식을 파는 현장을 취재해 전 가맹점의 일처럼 전면적으로 방송했다. '쓰레기죽'이라는 불명예를 한꺼번에

뒤집어썼으니 공동운명체인 프랜차이즈로서는 치명타를 입었다. 각종 수상을 한 다음 해에 바로 이 일이 터졌으니 영광은 순간, 치욕은 영원 같았다.

잘되고 잘나간다고 자고했던 것이다. 하자나 위험요소를 감지하지 못하고 축제 분위기에 빠져 있었다. 창업 이래 최대 위기였지만 정말 손 쓸 틈이 없었다. 소비자가 등을 돌리고 기업 이미지가 땅에 떨어지니 기업의 매출도 반 토막이 났다. 분노한 가맹점은 역으로 본사를 공격했다.

본사에서 물류를 비싸게 팔고 가맹점을 너무 촘촘히 내주기 때문에 사장님들이 매출을 높이려다 보니 질 낮은 재료를 섞어 쓰지 않았느냐? 몇몇 점주의 소홀함이 노출되면서 기업이 하루 아침에 위기를 맞았는데 오히려 본사 정책 때문에 이 꼴이 되었다는 원망이 쏟아졌다. 어찌할 바를 모르고 나는 기도에 매달렸다.

이 위기의 본질을 펼쳐 놓고 보니 틀린 말이 아니었다. 이런 결과를 초래한 건 우리의 책임이었다. 가맹점이 1,200개 정도 될 즈음에야 이럴 수밖에 없는 구조였음을 통감했다.

나는 남편에게 4가지 결단을 제안했다. 먼저 가맹점 오픈을 올스톱하자, 5년마다 관행처럼 했던 인테리어 리뉴얼도 올스톱하자, 러닝 로열티(running royalty) 제도를 도입해서 장사가 잘되는 곳에서는 더 내고 못 되는 곳에서는 덜 내게 하자, 가맹점 사장님들과 우리는 한 배를 탄 사람이니 이익 때문에 싸우거나 대치하지 말고 연합하자, 가맹점 사장님과 연합체(본사모)를 만들자.

이 4가지는 모두 기도하며 얻은 해법이었다. 가맹점 올스톱은 기업 성장을 멈추자는 말이었으니 임원들의 반대가 심했다. 그럼에도 이렇게 가면 더 큰 위기에 빠질 수 있다고 설득하고 올스톱주의를 고수했다. 다행히 남편이 이 모든 제안을 받아들이고 본아이에프의 대표이사직을 내게 위임했다. 남편은 다른 성장동력을 찾겠다고 사표를 냈다.

나는 준비도 안 된 상태에서 너무 큰 책임을 떠맡았다. 남편은 책임지느라 그만두고 나는 제안을 했으니 대표이사가 되어 실행하고 이뤄야만 했다. 엄청난 부담감과 실행의 숙제를 안았으니 기도로 매달리고 아이디어를 계속 메모했다.

창조는 파괴에서 시작된다고 했던가. 불만OO 위기는 매섭고 쓰라렸지만 변화와 혁신을 이루는 데 빠르고 긍정적인 계기가 됐다. 성공은 위기가 되지만 위기는 변화와 성장과 개혁의 계기가 되기도 한다. 우리 기업이 그랬다.

사람과 시스템을
바꾸자

'형통한 날에는 기뻐하고 곤고한 날에는 생각하라'는 말씀을 묵상하며 과감하게 4대 개혁을 추진했다.

'가맹점 오픈 올스톱, 강제 리뉴얼 올스톱, 러닝 로열티 제도 도입, 가맹점 협의체 본사모 가동'으로 기업의 혁신코드를 만들었다. '사람을 바꾸고 시스템을 바꾸자'는 투트랙(two track) 체질 개선을 직원들에게 강조했다. 사람과 시스템을 바꾼다는 건 직원들의 가치관을 넓히고 능력을 향상시키고 사명감을 고취시켜 비전을 새롭게 하고자 함이었다.

교육 이벤트와 조원 워크숍 등을 지속적으로 진행했고 기업의 슬로건도 '선한 가치관, 탁월한 역량, 범사에 감사'를 내걸고 인성, 지성, 영성을 갖춘 조화로운 인재로 거듭나기를 강조했다. 직원을 바꿔나가는 모든 일에 초점을 맞췄다.

사람 바꾸기와 맞물려 시스템 혁신도 단행했다. 기존의 관리감독시스템이었던 슈퍼바이저(supervisor) 대신 SM(store manager) 제도를 도입했다. 즉 본사에서 나온 감시자가 아닌 매니지먼트와 컨설팅을 겸한 협력관리자를 세웠다. 가맹점과 협력해서 프로모션도 하고 사장님과 지역에서 선한 가치를 실현하고 매출을 올려주는 원원 전문가가 되도록 역할을 재조정하고 교육했다.

물류 배송(딜리버리) 기사분들은 TM(transport manager)이라는 직함으로 존중하고 높였다. 외주 협력업체조차도 배송 전문성을 갖출 수 있도록 역할과 책임을 드렸다.

러닝 로열티 제도를 도입해서 매달 일괄적인 로열티 대신 매출 고저에 따라 차등을 두었다.

구매 혁신과 아울러 면접제도, 포상제도, 징계제도에도 손을 보고 개선했다. 특별점검반을 도입해서 가맹점과 고객 상담에도 전문성과 체계성을 더했다.

소비자만 의식하는 게 아니라 직원들, 가맹점에까지도 쇄신의 이미지와 함께 의미 확장을 일으켜야 했다. 모두가 잘될 수 있는 선순환 구조로 개선하는 데 대표이사로서 에너지를 집중했다.

펭귄탐사대라는 모임도 만들었다. 사내 직원들끼리 기업 성장에 대한 브레인스토밍을 나누고 거기서 나온 아이디어들을 진행해 업무의 실천감과 성취도를 높였다. 그런 시도들이 인정받아 2014년에는 고용노동부의 노사문화 우수기업으로 선정됐고 '일하기 좋은 100대 기업' 대상까지 수상하게 됐다.

최근 들어 공정거래위원회와 동반성장위원회가 요구하고 추구하는 방향을 우리가 먼저 개혁하고 추진해냈다. 주변의 다른 기업들에게 본죽은 선견지명이 있다는 칭찬도 제법 들었다. 죽 쑤다 죽 됐다며 비웃던 이들도 매를 먼저 맞는 것도 나았다며 달리 봐줬다.

위기는 안일했던 기업을 성장시키고 새로운 방향을 모색하게 했다. 혁신과 개혁을 거듭해 진정한 본이 되는 기업이 되도록 채찍질했다. 당시는 앞이 캄캄했지만 지금 와서는 예방접종을 먼저 맞아 체질 개선을 하게 된 계기였다고 재해석하게 됐다. 타의에 의해 휘청거렸던 기업이 더욱 탄탄해지고 조화롭게 된 기회였으니 감사하고 또 안도한다.

살얼음판의 연속

몇 년 후 세 번째 위기가 찾아왔다. 이번에는 추적○○ 프로그램에 우리 기업이 난도질을 당했다. 임원 중 한 분이 본죽의 노하우를 가지고 나가 유사 브랜드를 만들고는 우리 기업을 상대로 영업을 시작한 것이다. 우리가 제재를 하니 안티 가맹점과 함께 우리를 역공격했다. 우리의 문제로 공격의 대상이 되었으니 빌미를 제공한 우리의 탓이 크지만, 그 문제가 왜곡되어 방송에 비춰진 건 안타까웠다.

믿었던 식구에게 배신당한 억울함을 남편은 소송으로 풀려고 고민했다. "그 싸움으로 우리가 얻을 게 뭘까요?" 법적 분쟁이나 진흙탕 싸움 대신 우리는 다른 방법을 택했다. 기도 중에 화평의 방법, 져주는 게 이기는 법이라는 지혜를 얻었다.

불만○○ 때도 우리가 먼저 개혁하고 소비자에게 공개 사과하는 정면돌파법을 택했다. 그로써 새 모습과 성장코드를 얻었으니 우리의 부족함을 인정하고 억울함은 인내함으로 견뎌내면 그만이다. 이 바람 또한 잘 지나가도록 기도했다.

그 싸움으로 우리가 얻을 게 없었다. 억울함 해소는 될지 모르나 그걸로 인해 가맹점과 기업에 더 큰 피해와 불이익이 생길 수도 있다. 우리를 공격했던 이들도 한때는 우리 식구였으니 그들을 용서하기로 결정했다. 그분들을 품고 또 다른 위기로 가지 않도록 그쯤에서 멈추느라 남편이 많이 참았다.

오너가 악덕업주인 양 비춰지고 공격대상이 되었으니 직원들도 놀라고 마음고생이 많았다. 싸해진 분위기, 가라앉은 침묵 속을 통과해야만 했다. 나는 강의도 많이 다닐 때였는데 하나님의 방법인 화목과 화평을 붙잡고 잘 견뎠다.

다음 해 2016년에는 회복의 기쁨을 주셨다. 본죽이 9년 연속 소비자웰빙지수 1위 기업과 함께 소비자평판지수 1위 기업으로 인정받았다. 참 고마운 보상이었다. 진위를 지켜본 소비자들이 편파 방송이었다고 판단해주고 가맹점 사장님들도 우리 편을 들어주며 위로해줬다.

사회고발 프로그램 덕분에 가맹점과 우리가 더 한 마음 한 뜻이 되는 반전과 역전이 벌어졌다. 한 사람이 잘한다고 위기가 안 오는 게 아니다. 모두가 연합해서 섬김을 이뤄줘야 가능한데 그게 참 어렵다. 힘겨웠지만 결과적으로 우리는 공동운명체임을, 한 고리에 묶인 체인점임을 깊이 깨닫게 되었으니 화가 복이 된 해피엔딩이었다.

오너가 본사모 활동을 더욱 지원하니 사장님들도 신뢰를 보내줬다. 나는 이전보다 더 허리를 동이고 근신하며 가맹점을 기도했다. 한식 프랜차이즈 1위 기업으로서 다른 프랜차이즈에게도 모델이 되고 중심이 될 수 있도록 더 잘해야겠구나 다짐했다.

이후에는 잠깐의 해프닝으로 끝난 장조림 사태도 겪었다. 잘 모르고 기업 가치를 왜곡한 실수가 마치 거짓을 포장해서 매출을 올리려고 속임수를 쓴 것처럼 알려졌다. 어떻게 이런 사고가 일어났나 마음이 많이 무겁고 흐렸다. 그렇다고 핑계를 대거나 남의 탓을 하는 건 옳지 않다. 더 철저히 새로워져야 한다, 어떤 경우에도 거짓이나 훼방은 안 된다고 교육하는 일침으로 삼았다.

4대 혁신과 함께 성경에서 배운 6대 핵심가치를 기업 전체에 선포했다. '경쟁보다 협력, 성공보다 사명, 나보다 우리, 계약보다 약속, 이윤보다 가치, 빨리보다 멀리'라는 성경적 가치를 직원들에게 강조하고 공유했다. 우리의 유리를 위해 타인의 불리를 이용하지 말자, 반드시 윈윈으로 함께 가자는 기업의 기치를 세웠다.

불만○○은 가맹점 사장님들에게 경각심을 일으키고 추적○○은 오너인 우리에게 경각심을 일으켰다. 마지막 장조림 해프닝 또한 다시금 마음자세를 새롭게 하고 책임을 묻는 시간, 근신하는 시간, 사소한 것 하나도 잘못되면 안 된다는 걸 깨닫는 특별수업 시간이었다.

행복과 성공을 돕는 사람들, 본이 되고 유익을 끼치는 기업으로 동심원이 퍼지듯, 선순환이 돌아가듯 상생의 원리를 전 기업과 가맹점, 협력하는 모든 이들과 연합해서 지향해야 한다고 믿는다.
위기 때 합력과 선의 필요성을 느꼈다. 살얼음판을 걷는 마음으로 깨어 있어야 한다는 교훈을 얻었다. 위기 극복에는 많은 힘이 들었지만 결과로는 늘 더 나은 혁신과 성장을 가져왔다.

우리가 더 잘 가고 있다는 믿음을 얻은 후로는 원망했던 위기의 순간들을 감사하게 되었다.

존재의 위기와 성숙

위기는 안팎에서 왔다. 외부에서 닥친 위기가 기업을 흔들었다면 내부에서 퍼진 위기는 나를 흔들었다. 창업하고 한 2, 3년까지는 자리 잡느라 다른 생각할 여력이 없었다. 300개 가까이 매장이 늘어나면서 브랜드도 알려지고 내 삶에도 여유와 안정이 찾아오니 내면에서 약한 지진이 일어나기 시작했다.

점심 장사를 끝내고 지쳐서 앉아 있는 내 모습은 흠뻑 젖은 옷에, 죽밥풀이 여기저기 들러붙은 그야말로 부엌데기 죽순이의 몰골이었다. 죽을 젓는 오른팔과 어깨는 늘 시큰거렸다. 오전에는 교육, 오후에는 오픈하러 전국을 돌아다니니 내 개인의 시간이라고는 하나 없었다.

만사가 무겁고 싫어지면서 요즘 말로 '일하기 싫어 병'이 든 것이다. '내가 언제까지 이렇게 살아야 되는 거지?' 권태기라고 해야 할지, 사춘기도 지나 오춘기가 온 건지 무기력과 회의가 밀려왔다.

　원래의 나는 독서와 고요를 사랑하던 시인인데 아침부터 밤늦게까지 죽 쑤고 교육하고 오픈하느라 사람들을 상대하다 보니 번아웃(burn out, 소진증후군)이 왔다. 의욕이 떨어지다가 나중에는 어지럼증에도 시달려봤다. 기도를 많이 하던 때였는데 기도가 안 나올 정도로 마음의 위기는 주체할 수가 없었다.

　하루는 용기를 내서 나를 잘 아는 멘토 교수님께 마음을 털어놓았다.

> "교수님, 이 일이 제가 잘하는 일이긴 하지만 그래도 너무 힘이 드네요. 교육하고 오픈해서 장사 잘되니까 보람은 있었지만… 이 일을 더 이상은 못할 것 같아요. 잘하는 일 해봤으니 이젠 좋아하는 책 읽고 글 쓰고 시 강의하고 살고 싶어요."

　나의 기나긴 고민에 비해서 교수님의 답변은 너무나 단순명료했다.

"두 가지 다 좋네. 둘 다 중요한 일이니까. 두 가지 다 하면 되지 뭐가 고민이니? 인생은 다모작이잖아."

어, 그런가 하고 집으로 돌아와 책장을 뒤적였다. 그전에 써 놓은 시를 꺼내 다시 읽어보니 무겁고 힘든 마음을 끼적인 글, 지방 출장가느라 기차 안에서 쓴 기록들이 눈에 들어왔다. 과거의 시심을 발견하면서 새삼 위로를 얻었다. 이 시들을 묶어서 시집으로 내고 싶다는 소망이 생겨났다.

여생을 김나는 주방에서 죽 쑤다 갈까 봐 잠시 엄살을 부린 걸까? 생계형 가맹점 사장님들은 내게 늘 고마워했다. 그 고마워하는 마음들을 저버릴 수는 없다. 내가 하고 있는 일이 한 가족을 살리고 가업을 이루게 한다는 것, 속 불편하거나 지친 이들을 떠올려보면 음식에 대한 가치나 사명은 말할 수 없이 중하다는 것을 다시금 실감했다.

감기에만 걸려도 찬 음식, 인스턴트 음식은 싫어진다. 따뜻한 한 숟가락이 입 안으로 들어갈 때 얻는 위로와 소생의 순간을 떠올리니 음식은 하나님이 주신 굉장히 중요한 아이템이라는 걸 깨달았다.

더 이상 가맹점 개점이 매출을 올리고 매장 수를 늘리는 차원에만 국한되지 않았다. 매장이 한 집안의 가업이 되는 걸 보아

온 나로서는 내 모든 일을 가볍게 여길 수가 없었다. 내가 어렵다고, 폼이 안 난다고, 원하던 삶의 모양이 아니라고 해서 내려놓는다면 하나님의 뜻을 저버리는 배신행위가 아닌가? 스스로 토닥거리며 사명과 책임을 북돋우는 순간들이 종종 이어졌다.

본죽이라는 브랜드를 사명으로 받아들이면서 내 마음을 들여다보고 감정을 드러내는 일도 할 수 있겠다는 생각이 들었다. 기차를 타고 내려갈 때마다 나 아직 죽지 않았다는 듯 시를 썼고 남편은 그런 내 마음을 알아줬다.

1994년에 동시로 등단한 후 집에서 아이들 키울 때 남편은 이런 약속을 했다.

"내가 돈 벌면 당신 시집을 제일 먼저 내줄게."

2005년 〈고독한 날의 사색〉이라는 시집으로 남편은 10년 만에 약속을 지켜줬다. 시집 제목처럼 고난의 시간을 통과하는 마음의 여정이 시에 녹아 있다. 첫 시집 출간이 내 인생에 위로가 되고 존재감이 살아나는 계기가 됐다. 시를 쓰면서 자정과 치유가 되고 삶의 의미와 가치도 새로워졌다. 품고 있던 꿈이 실현되면서 내 생에 또 하나의 축이 되었다.

이후로 해마다 시집을 내고 있고 사장님들도 내 시를 읽으면서 많이 공감했다고 격려해준다. 권태와 위기가 나를 다시 서 인으로 만들었다. 허기지던 한쪽이 만족을 얻으니 주방 일에도 더 신이 나고 열중하게 됐다. 두 가지 일 모두 하나님이 내게 주신 축복이자 사명임을 받아들이면서 더 당당해지고 더 감사해지고 더 풍요로워지는 사람으로 변화됐다.

사장님들도 처음에는 정신없이 일하다가 2, 3년쯤 되면 '가게 그만할까? 창살 없는 감옥이 따로 없어. 온종일 너무 힘들다' 하면서 슬럼프를 겪는 분들이 많다. 내가 겪었던 오춘기, 동병상련 경험자로서 이렇게 조언을 해드리곤 한다.

"하루 종일 주방에만 붙어 있으면 빨리 지치니까 짬짬이 운동도 하고 맛집도 가고 가족들과도 시간을 보내세요. 나 개인을 위한 보상시간을 꼭 쓰세요. 1주일에 하루는 꼭 쉬고 한두 달에 한 번씩은 여행을 가세요. 가족과 보내는 시간이 없이는 롱런하기 어렵습니다. 우리가 일하는 이유는 나와 가족이 행복하고 잘 되는 것, 여유가 되면 이웃을 돕는 것 아닙니까?"

일에 너무 치이거나 함몰되면 오래 못 간다고 사장님들한테 강력히 권면한다.

선험자로서 진정한 성공은 돈을 더 벌고 가게를 더 여는 게 아니라고 강조한다. 나와 가족이 먼저 행복해야 하고 매장 직원들도 행복해야 한다. 우리의 행복과 기쁨이 밖으로도 흘러나가 오래 지속되어야 한다는 지론이 사장님들과 공유되고 있어서 다행이다.

내면의 브레이크 덕분에 성숙과 성장의 계단을 지나 선한 영향력을 미치게 되었다. '빛은 내부로부터 온다, 레전드는 슬럼프에서 만들어진다, 걱정이 성장을 가져온다'는 말은 겪어보니 진리 중에 진리다. 내부 위기가 인생의 폭을 늘려줬으니 위기는 고난만큼이나 멋진 선생이다.

비
반드시
그칠 것이다

— 최복이 저, 〈내가 두고 온 우산〉(2008) 중에서

정말 이 장대비가 그칠까
파란 하늘이
저 검은 구름 속에 있을까
무지개가 떠오를까
다시 빛을 볼 수 있을까
절대 눈을 감지 마라
빛을 보려면
젖은 몸으로 걸어 올 것이다
결코 낯설지 않은
우리 모두가 믿는
그 빛
비 반드시 그칠 것이다.

깨어있다

언제 맹수가 덤벼들지,
언제 이웃 적이 들이 닥칠지 모르던 때는
누군가가 깨어 있어야 했습니다.
가지고 있는 소중한 것을 지키기 위해서였죠.

깨어 있는 우리가 되고 싶습니다.
안주하고 만족하는 '우리'가 아니라
늘 깨어서
우리를 괴롭히는 것들과 맞서 싸우겠습니다.
그 싸움의 전리품이 바로
세상 무엇과도 바꿀 수 없는
여러분들의 건강이기 때문이죠.

'늘 깨어있게 해달라고 기도하는 것'
그것이 하나님이 주신 우리의 영업비밀입니다.

Chapter 04

7전8기 해외사업

남에게 대접을 받고자 하는 대로
너희도 남을 대접하라
(누가복음 6:31)

Chapter
04

한식의 일상화와 세계화
―
해외사업은 산 너머 산
―
그 땅을 사랑했는가
―
포기할 수 없는 글로벌 한식 브랜드

한식의
일상화와 세계화

남편과 사람들은 해외사업에 나 혼자 과하게 집착한다, 이쯤 되면 포기할 때 아닌가 하면서 이상하게 생각했다. 나도 왜 그럴까 고민해봤다. 해외 일정을 쫓아 출장을 많이 다니다 보니 태국, 베트남, 중국, 일본 음식이 상당히 세계화되고 일상화된 모습을 목격했다.

반면에 한국 음식은 그저 그런 분식집처럼 똑같은 형태로 머물러 있었다. 메뉴는 많아도 브랜드화된 음식이 없었다. 한식은 영양과 맛이 우수하고 탁월한 건강음식인데 외국의 거리에서 보이는 우리 음식점은 뭔가 초라했다. 한국음식점이라고 가보면 불고기 등 수십 가지의 메뉴를 특징 없이 팔았다. 한식 브랜드를 키워온 나로서는 한식의 매력을 살리지 못하는 것 같아 많이 안타까웠다.

한식 프랜차이즈로 선교에 도움이 됐으면 좋겠다는 막연한 꿈을 꾸고 있었지만 우리 브랜드가 세계적으로 한식의 위상을 높였으면, 한식의 맛과 멋을 알려줬으면 하고 바라게 됐다.

미국에서 매장 오픈하고 돌아오는 비행기에서 기내식으로 비빔밥이 나왔을 때를 기억한다. 주위를 둘러보니 외국인들도 비빔밥을 반기며 맛있게 먹고 있었다. 그 장면을 보며 바로 다음 브랜드가 내 뇌리를 스쳤다. 그래, 비빔밥! 본비빔밥! 죽은 한식을 대표하기에는 2% 부족한 느낌이었다.

제2브랜드 본비빔밥을 인사동에 오픈하면서 초창기 100개 매장까지는 잘 나갔다. 하지만 비빔밥은 일상재라서, 어느 가게나 다 파는 평범한 메뉴라서 브랜드화하기에는 다소 미흡했다. 본비빔밥 출시 후에는 폐점률이 나타났다. 브랜드가 사라질 것 같은 위기의식에 해외매장에는 두 브랜드를 믹스해봤다. 죽과 비빔밥, 불고기, 전 등을 갖추고 더 다양화했다. 본죽&비빔밥은 글로벌 브랜드로 환영받으면서 다른 나라에도 꾸준히 열리게 됐다.

한식이 세계화되려면 어떤 점을 극복해야 될까? 고민하면서 해외를 다니며 기도했다. 결론 내린 바로는 한식은 더 단순해야 한다는 것. 손이 많이 가고 요리사에 따라 맛이 달라지는 메뉴들이 한식이지만, 외국인의 입맛에도 맞도록 단순화, 현지화, 퓨전화가 필요하다는 인상을 강하게 받았다.

'꽁시면관'이라는 중식 프랜차이즈도 레서피화, 소스화에 집중해 주방 의존도를 낮추고도 사천요리의 강점을 살리지 않았나. 식재료가 많고 조리법이 복잡하다 해도 조리법의 혁신을 창출하고 전파하는 데는 가능성이 있다고 봤다.

그래, 한 걸음 더 나아간 단순화를 시도하자. 본죽&도시락이라는 익스프레스 버전을 개발해 본래의 맛은 잃지 않되 좀 더 간편화하면서 케이터링(catering, 급식·출장부페) 서비스까지 가능한 두 브랜드를 출시했다.

글로벌 브랜드 본죽&비빔밥 다이닝 버전, 본죽&도시락 카페 익스프레스 버전 이 두 브랜드로 해외사업을 개척하는 중이다. 새로운 나라에 갈 때마다 한국에서 소스(sauce)를 보내 동일한 맛을 내야 한다. 소스 수출 또한 나라마다 통관절차가 까다로워서 묻고 배우는 중에 있다.

그 나라에서 소스를 만들 수도 있지만 명분이 한식이고 우리

나라가 종주국이기 때문에, 소스는 한국에서 한국산 재료로 만들어 보내야 한다는 고집을 피워본다. 고기나 야채는 현지 재료를 쓰더라도 맛을 내는 핵심은 한국에서 책임진다는 고집이 이번에도 잘 통하기를 기도하고, 노력하고 있다.

해외사업은
산 너머 산

　해외 진출은 대학로 1호점을 오픈하며 영문과 일문으로 간판과 메뉴판을 만든 데서부터 시작됐다고 본다. 그때는 외국인들도 와서 우리 매장의 죽을 즐겨 먹기를 바라는 기대와 비전으로 준비했다.

　주위 사람들은 다 비웃었다. "허름한 데다 죽집 하나 내면서 무슨 외국어?" 사실 3개 국어 메뉴판을 만들었을 때는 번역이 많이 틀리기도 했다. LA에서는 손님들이 메뉴판을 고쳐주는 해프닝도 있었다.

　2004년쯤 브랜드의 국내 자리매김이 궤도에 올랐을 때 이제 외국에 나가야겠다는 생각이 들었다. 미국 LA의 다운타운인 윌

셔(Wilshire)가 입지를 물색하다가 북창동순두부 맞은편에 매장을 열었다. 매장 하나만 연 것이 아니라 미국에 아예 회사를 세우고 사업 비자를 받아서 오픈은 내가 하고 운영은 시누이 부부가 맡았다.

남의 나라에서 가게를 오픈하는 일은 정말 하나같이 어려웠다. 음식 재료가 다르니 발품을 팔아 가장 비슷한 식재료와 맛을 찾아야 하고 오픈에 따른 법적 절차와 조건이 다 달라서 오픈에만 6개월 가까이 걸렸다. 매니저는 한국인이고 주방은 멕시칸이니 팀워크도 더 신경 써야 하고, 미국의 까다로운 위생조건을 충족시키는 것도 굉장히 어려웠다.

컨설팅업체와 함께 하기는 했지만 국제운전면허증으로 바꾸고 은행 계좌를 열고 사업자 등록을 하는 등 절차를 진행하면서 많은 걸 배웠다. 다행히 지역의 한인들이 많은 관심을 보여주고 신문과 미디어도 적극 홍보해주는 등 따뜻한 환영을 받았다.

오픈 한두 달 후 위기가 찾아왔다. 원래 매장이 부동산업체 자리여서 가스와 싱크대 등 부엌 개조에 공을 많이 들였는데 헬스라는 점검반이 나와서 후드 배기량 기준치가 미달이라며 당장 영업을 중지하라고 했다.

한국에 있다가 이 소식을 전해들은 나는 깜짝 놀랐다. 가게 문을 닫고 몇 달째 재심사를 기다리느라 영업을 못하고 있으니 주변에 본죽 망했다는 소문이 돌았다. 해결이 되고 다시 문을 열 때쯤에는 한국에서 총괄 책임자를 보내야겠다고 생각했고 마침 시누이 남편이 가족들과 함께 가서 맡아보고 싶다고 했다.

자동차 회사를 퇴직한 후라 새 출발을 하고 싶다며 자원하기에 보냈는데 미국 생활이 각오보다 더 힘들었던 것 같다. 언어와 문화, 절차가 다 다른 타국에서 딸들 키우고 장사하느라 우울증을 많이 앓았던 것 같다.

소심한 두 부부가 의욕을 잃은 채로 겨우겨우 버텼지만 우리 부부는 멀리 있으니 그렇게 힘겨워하는 줄도 몰랐다. 두 사람이 같은 날 세상을 떠나는 사고가 닥친 후에야 온 가족이 망연자실했다. 해외사업에도 빨간불이 켜졌다. 딸 내외를 잃은 시어머님의 충격과 상실감은 대단했다. 졸지에 여동생을 잃은 남편도 해외사업이라면 정이 떨어진다며 손사래를 쳤다. 어린 두 딸은 우리가 보듬게 됐다.

나도 한동안 힘들었지만 해외사업과 선고가 연결된다는 생각 때문에 포기가 되지 않았다. 일본 진출도 맞물려 있던 중요한 때였다. 도쿄타워에 올라가서 도쿄를 내려다보며 기도했다.

이미 진행된 사업이니 멈출 수가 없었다. 7전8기의 진정한 버전은 해외사업이었다. 힘들고 어려운 일만 줄줄이 사탕이었지만 밀어붙였다. 미국 LA 매장은 다른 분에게 인계해서 운영하고 캘리포니아주 오렌지카운티, 조지아주 애틀랜타, 뉴욕, 뉴저지, 시카고 등에 매장이 열리면서 명맥을 유지하게 됐다.

일본 도쿄의 아카사카, 신주쿠 등에 매장을 열었다. 아카사카 직영점은 목이 좋고 손님이 많아서 방송에도 줄서서 먹는 맛집으로 소개됐다. 4층 건물을 얻어서 1, 2층은 가게, 3층은 사무실, 4층은 직원들 숙소로 썼다. 한국 직원을 파견하는 등 일본은 미국보다 더 적극적으로 추진했다.

3년쯤 지나며 자리 잡았다 싶었을 때 건물주와 재계약을 하지 못하는 불상사가 벌어졌다. 또 망했다는 소문이 돌아 브랜드와 다른 매장에 악영향을 끼치는 걸 보며 우리도 마음이 안 좋아서 눈물을 쏟았다. 간판도 한국에서 만들어 공수해갈 정도로 심혈과 정성을 기울인 매장 문을 닫아야 했을 때는 한동안 밥맛을 잃을 정도였다.

포기할 수도, 쉽지도 않은 길이었다. 그럼에도 끝까지 해야 될 일이라는 생각이 더 큰 것도 사실이었다. 이명박 정부에서 국가의 성장동력으로 한식 세계화를 선포했을 때는 뭔가 때가 무르익는 분위기에 힘을 받기도 했다.

북경에서도 제법 중요한 자리에 세워진 마트 안에 매장으로 입점하면서 중국으로도 사업의 방향을 돌리는 때에는 아예 북경에서 먹고 자며 집중했다. 모 대기업의 마케팅 본부장을 임원으로 영입하면서 인재들을 발탁해 중국으로 보냈다.

초반에는 잘됐다. 맞은편에 미국 마트가 들어서기 전까지는 괜찮았지만 경쟁에 진 마트가 문을 닫으면서 우리도 같이 무너졌다. 엄청난 내상을 입었다. 물질적인 손해어 직원들의 사기 저하까지 보게 되니 '아, 진짜 여기까진가?' 한계에 부딪친 것 같았다. 해외사업은 남편이 내게 완전히 일임한 상태였다. 남편은 새로운 사업을 구상할지언정 해외사업에 대한 의욕은 없다고 했다.

김이 빠지려는 순간에도 포기는 못했다. 모르면 알 때까지 돈이 든다고 했던가! 우리가 치른 수업료와 손해액은 너무나 컸지만 손에서 탁 떨어지지 않았다. 다만 잠시 보류하자고 하고 숨 고르기를 했다.

직원들에게는 내 속에 해외사업을 계속 품고 있으니 때가 되면 펼치겠다고 약속했다. 진출 과정에서 무슨 문제가 있었는지 재검토도 해보고 피드백도 받아봤다. 그러다가 다시 해외사업에 불을 지핀 것은 내가 대표이사가 됐을 때였다.

그 땅을
사랑했는가

중국 북경사업을 접고 돌아온 얼마 후 나는 본아이에프의 대표이사가 되었다. 중국을 전략국으로 선포하고 해외사업을 재가동했다. 상해에 회사를 세워 직원들을 데리고 갔고 직영점을 열어 야심차게 지휘했다. 중국의 대도시를 돌면서 각종 박람회도 참여하고 프랜차이즈 설명회도 부지런히 열었다.

조선족이나 한국인이 운영하는 매장이 대부분이었는데 사업 재개한 뒤로는 한족들도 곳곳에 매장을 열게 된다. 북경과 천진은 물론 한국인이 별로 없는 무한지역, 쿤산, 산동성의 위해, 장춘까지도 진출했다. 생각보다 매장이 활성화되지는 않았지만 연길, 훈춘, 용정, 하얼빈까지 오픈은 꾸준히 진행됐다.

마침 일본에서는 동경 마스터 프랜차이즈 파트너가 생겼으니 중국 대국의 도시들은 얼마나 더 무한한 시장인가. 좋은 조짐들이 이어져 다시금 기운이 났다.

2016년, 싸드(Thaad) 배치 문제로 중국 분위기가 싸늘해지면서 한국 기업들 전체가 어려움을 당하니 우리도 코너에 몰렸다. 중국 직원들도 많이 뽑고 물류창고도 구입하고 직영점도 내던 차에 또 한 번 국가적 위기가 닥치니 말 그대로 멘붕, 패닉 상태에 빠졌다. 나도 나지만 직원들한테 너무 미안했다. 안쓰러워서 직원들이 힘들어하는 모습은 차마 볼 수가 없었다.

해외사업 12년차에, 이제 정말 여기서 접어야 하나 싶었다. 전체를 회상하며 곱씹어보는 시간을 가졌다. 뭐가 문제인가? 우리의 해외사업은 왜 이렇게 오래 걸리고 힘들기만 할까? 투자 대비 열매가 너무 부족한 원인은 대체 어디에 있나?

고민하던 때 중요한 강의를 듣게 됐다. 〈하나님의 대사〉를 쓴 김하중 전 주중 대사의 한마디가 나를 강타했다.

"중국에서 성공하고 싶으십니까?

그러면 중국을 사랑하셔야 합니다."

중국을 사랑하라는 말씀이 내게는 하나님의 메시지로 들렸다. 그동안 내가 수도 없이 망하고 실패한 나라들을 꼽아봤다. 말레이시아, 베트남, 미국 라스베이거스, 일본, 중국… 아! 나는 그 나라와 그 문화와 그 사람들을, 그 땅을 정말 사랑했는가? 자문해봤다. 부끄럽게도 그렇지 않았다. 가슴으로 대한 적이 없었다. 소비자를 사랑해야 한다, 고객에게 답이 있다는 진리를 너무나 쉽게 간과해버렸다.

중국만 해도 처음 갔을 때 너무 지저분하고 약속 안 지키고 거짓말 잘하는 인상을 받았다. 나와 뭐 하나 맞지가 않는 힘든 상황들 때문에 그 땅에서 비즈니스로 성공하고 싶은 마음은 있었지만 만나는 중국인들을 사랑하거나 존중하지는 않았다.

정답이 나왔다. 그 땅, 그 사람들, 그 문화를 사랑하고 높이지 않은 것이 그 땅에서 실패한 가장 큰 원인이었다. 부정할 수 없는 패인(敗因)을 알았으니 곧장 내 자신을 돌이키고 회개하는 시간을 가졌다. 펼쳐야 할까, 접어야 할까도 깊이 고민했다.

싸드와 함께 우리는 짐을 챙겨왔다. 직원들이 떠나가고 잔해를 정리해야 하는 시간이 있었다. 이 길을 또 가야 되는 건가? 아니면 그냥 이 정도로 접을까? 2016년 가을부터 겨울 내내 이 사업을 놓고 고민하고 기도했다. 그래도 포기할 수가 없었다. 그래서 더 포기할 수가 없었다. 여기까지 왔는데 다시 시작하기로 마음먹었다.

모든 것을 재정비하고 해외사업을 원점으로 되돌렸다. 소스 통관, 진출전략 점검을 진행하면서 과정을 단순하게 하고 문턱을 낮추며 실질적으로 보완했다. 해외 선교사님들에게 본죽&도시락이라는 익스프레스 버전 매장을 내주자는 과감한 전략을 펼치게 됐다.

계산기 두드리고 엑셀 차트 들여다보던 비즈니스 마인드를 내려놓자, 더 많이 내주고 섬기는 선교를 먼저 해보자는 결심을 했다. 2016년 10월부터 우크라이나 키예프, 태국 방콕, 필리핀 다바오, 몽골 종모드의 선교사님들에게 매장을 조건 없이 셋업해 드렸다. 일터가 교회가 된다는 일터교회를 모델 삼아 우리 브랜드를 선교모델로 내드리고 활성화되는 모습을 보고 싶어졌다.

해외사업의 문을 두드리느라 지치는 것보다 내가 희망하던 선교사업에 도구로 쓰이는 기쁨을 맛보기 시작했다. 잘 안 됐던 상처나 아픔들이 기쁨으로 전환되고 회복되는 걸 느꼈다.

'그래, 이렇게 투웨이(two way)다!

일반 매장과 선교 매장 2가지로 가자.'

공산권 국가에서 입국 거절당하거나 추방당하던 선교사님들의 비자 문제와 지역의 일자리 창출 문제도 해결하고, 지역 이웃들과 가까이 소통하고 섬기며 자연스럽게 복음을 전할 수 있는 선교 매장이라면 충분한 역할 같았다. 어차피 해외사업의 목적은 선교였기에 만족하며 일하고 있다.

우리의 노하우를 지원하고 적은 비용으로 지속적인 효과를 내면 된다고 본다. 해외사업에서 겪은 시행착오가 해외선교로 보상받는 느낌이었다. 결국 이 일을 위해서 그동안의 시행착오가 필요했었나 싶을 정도로 새 보람과 의미를 느끼고 있다. 활짝 열어주실 때를 기다리며 당분간 이렇게 투웨이로 쭉쭉 가보고자 한다.

포기할 수 없는
글로벌 한식 브랜드

'건강한 한식으로 세계인의 건강을 돕는다!
세계인의 한식 일상화!'

이것이 우리 기업의 미션과 비전이다. 나는 왜 해외사업을 포기할 수 없는가? 13년째 매달리며 그 이유를 점검하고 기도하는 중이다. 우리 한식은 한류를 타고 반드시 세계화가 될 거라는 확신이 나를 붙잡고 그렇게 되어야만 한다는 당위성도 나를 놓지 않는다. 우리가 미처 발견하지 못한 신대륙, 진짜 블루오션이 손짓하고 있는데 가지 않을 이유는 없다.

외국에 나가보면 선진국의 음식이라 해도 단순하거나 짜거나 느끼할 때가 있다. 디저트나 차, 아이스크림처럼 특유의 향이나 단맛을 즐길 수는 있지만 깊은 맛이 있거나 즐겨 먹을 단한 요리는 많지 않다.

고기 요리 같은 기름 맛을 즐기는 사람들이라서 그런지 즈리법과 재료를 비교해봐도 우리나라만큼 차진 맛이나 감칠맛을 내는 음식이 적다. 프랑스의 치즈 종류보다 많다는 김치와 한식은 매일 먹어도 질리지 않는 중독성과 다양성까지 갖추고 있지 않나?

나라마다 기후와 식성이 다른 탓도 있겠지만 참을 수 없는 음식의 가벼움 앞서서 우리 음식이 정말 뛰어나다는 걸 재확인하곤 한다. 코리안 웰빙푸드(Korean well-being food) 기업인으로서, 또 한국인으로서 우리의 슬로(slow)-웰빙푸드를 세계인들에게 널리 맛보이고 알리고 싶은 소망이 굴뚝같다.

우리나라는 아직 세계적인 브랜드라고 내세울 만한 분야가 좁기만 하다. 삼성이나 LG 같은 전자제품은 있지만 한식 분야에서는 두드러지지 않았다.

영국의 샌드위치 체인 프레타망제(pret a manger), 미국의 도시락 체인 스노우폭스(snowfox), 미국의 아시안 비스트로 레스토랑 체인 P. F. Chang's처럼 세계에서 환영받을 만한, 경쟁력 높은 웰빙 한식 브랜드가 하나쯤 나와야 할 타이밍이 지나고 있다. 오너로서 직원과 가맹점 사장님들에게 늘 한식의 비전을 제시해왔기 때문에 글로벌 캐주얼 다이닝 브랜드로 만들어 그 역할을 잘 감당하고 싶은 마음이 점점 커진다.

어딜 가나 밀리지 않고 지치지 않는 브랜드와 함께 내가 축복받은 모든 것들로 세계인을 섬기고 그들을 옳은 방향으로 옮기며 선교에도 쓰이기를 바라는 마음이다. 기독교 복음의 핵심도 사랑, 우리 기업의 가치도 사랑이다. 우리 기업과 브랜드가 축복의 통로, 복음의 통로, 사랑의 통로가 되기를 간절히 원한다. 우리의 사훈인 '하나님께 영광, 세상에 빛과 소금'처럼.

이 모든 걸 나 혼자 할 수는 없다. 해외 선교사님들과 한식을 사랑하는 우리 교포들 그리고 외국의 한식기업과 연합해서 이 일을 해내야 한다. 이 일에 내 인생을 걸 만한 충분한 가치가 있기 때문에 게으를 수 없다.

우리나라에서 1등 한식기업이 되었고 한류라는 큰 흐름이 생겼는데, 이 흐름을 타고 우리의 음식문화가 세계화되는 건 당연한 수순이라고 본다. '어머니의 사랑, 맛있는 건강'이라는 슬로건대로 한식으로 세계인의 건강을 돕고, 사랑으로 마음의 건강까지 도모하는 기업 가치를 실현하고 싶다.

나는 이 일을 포기할 수 없다. 전에는 어려우니까 잠시 보류했지만 갈수록 내게는 더 선명하고 뚜렷해지는 사업이다. 사명이냐, 아니냐는 어려움을 당했을 때 알 수 있다고 한다. 벽에 부딪칠수록 더더욱 이 일을 꼭 해야 된다는 의지가 살아나는 걸 보니 사명 같다. 얼마만큼 이룰 수 있을지는 모르겠지만 이 일을 여기까지 밀고 왔으니 그냥, 계속 가봐야 할 것 같다.

어차피 인생은 과정이다. 주렁주렁 열매가 열리는 것도 좋지만 거름을 주고 가지를 치는 수고와 단계를 생략할 수는 없다. 그 과정에 시간이 걸려 다음 세대가 열매를 단다 한들 남는 장사 아닐까? 그렇다면 괜찮다.

많은 이들의 협력과 도움으로 넘어졌다 일어서서 가고 있는 중이다. 외롭고 힘들지만 지지하고 응원해주는 분들, 한식을 사랑하는 아군들이 있으니 갈 만한 길이라고 생각한다. 승리의 푯대를 향해 기도하며 정진하려 한다.

세상은 협박한다
제자리로 돌아가라고

견딜 수 없는 압박
수없이 겹쳐 입은 옷 사이로
황소바람이 지나간다

모든 것이 다 잘 될 거라는 믿음이
바닥을 보이며 올라오는 현기증
그냥 앉아버리라는 속삭임이
어깨를 누른다
다리가 몹시 흔들린다

누구에게나 위기는
예상치 못할 때 온다

강물이 얼어붙는 추위일지라도
당당히 걸어야 한다
떨고 있음을
아무도 눈치 채지 못하도록
더 의연하고 씩씩하게

어떤 경우에도 열망을 접으면 안 된다
얼지 않은 꿈은
절대 무너질 수 없는 법
신은 거기서 뜨겁게 역사한다
기적처럼.

얼지 않은 꿈

— 최복이 저, 〈속 깊은 편지〉(2007) 중에서

함께
살다

쌀과 전복,
쌀과 야채,
쌀과 버섯.

우리는 함께 있을 때
더 돋보이고
서로를 격려하며
서로의 힘을 올려주는 것들을 공부했습니다.
그런 오랜 간구와 바람이 모여
본죽이 탄생했습니다.

우리의 죽이 그렇듯
너와 나, 손님과 가게, 기업과 기업도 함께 있어야
돋보이고 잘된다는 것을 믿습니다.

늘 '함께 해달라고 기도하는 것'
그것이 하나님이 주신 우리의 영업비밀입니다.

Chapter
05

본죽에서 본사랑, 본미션까지

너희 빛이 사람 앞에 비치게 하여
그들로 너희 착한 행실을 보고
하늘에 계신 너희 아버지께 영광을 돌리게 하라
(마태복음 5:16)

Chapter 05

멜린다 최와 본사랑재단
—
쪽방촌 문화교실과 작은 예수들
—
D(도네이션) 매장과 BM(선교) 매장의 열매
—
본월드미션의 미션 파서블
—
시인 CEO, 사회복지사 CEO

멜린다 최와
본사랑재단

본죽은 축복받고 성공했다?

맞는 말이지만 그것만이 전부는 아니다. 본죽에서 본사랑으로, 본월드미션으로 진화하면서 사명을 실천하는 중이니 아직도 현재진행형이다.

(사)본사랑은 2009년에 이웃 사랑을 실천하고자 설립한 재단이다. 국내에서는 사회공헌, 해외에서는 구호활동을 펼치는 민간조직으로서 NGO(비정부기구) 사명을 이루고 있다. 배고픈 이웃에게는 생명의 양식을, 소망이 없는 이웃에게는 꿈과 희망을, 온 누리에 예수의 사랑을 전하겠다는 비전을 펼치고 있다.

한 기업이 축복받는다는 것은 어느 한 사람의 노력에 의해서 되는 것이 아니라 하늘로부터 오는 은혜와 선물이라고 믿는다. 임직원, 협력사, 가맹점 사장님, 소비자 모든 분들이 도와준 덕분에 우리 기업이 잘될 수 있었다.

도움과 축복을 받은 기업으로서 마땅히 해야 할 일이 이웃을 돌아보고 소외된 이들을 돕는 것이라고 생각한다. 가까운 직원과 가맹점 사장님들이 기쁘게 일하고 잘되도록 세워드려야겠지만, 불가항력적으로 어려움을 당한 이웃들에게 우리의 축복을 나누는 일도 게을리 할 수 없다.

원래 나는 선한 부자의 꿈, 축복받으면 나눠주고 베풀며 살겠다고 어린 날부터 꿈꿨다. 호떡장사 때도 간절히 원했던 그 일을 본죽의 시작과 함께 실천했다. 대학로 매장 건너편 노숙인들에게 점심을 제공하고 봉사자들을 섬겼던 밀알 같은 시작에서 싹이 나고 열매를 맺어가고 있다.

본사랑재단은 직원, 가맹점(본사모), 협력사, 소비자 모두가 참여해서 선한 일을 추구하자는 목적으로 설립했다. 처음에는 오른손이 하는 일을 왼손이 모르게 하는 것이 내 섬김의 원칙이었다. 크리스천으로서, 성경에 쓰여 있는 대로 조용히 남모르게 이웃을 섬기는 게 옳다고 생각했다.

그러다가 2007년 연초에 빌 게이츠와 부인 멜린다 게이츠가 세운 빌&멜린다 게이츠 재단에 대한 신문 기사를 보게 됐는데, 그것이 내 섬김의 터닝 포인트가 됐다.

그 재단은 투자가 워렌 버핏을 비롯해 많은 부자들이 기부운동을 함께 하면서 아프리카 에이즈 환자를 위한 백신 개발을 지원하고 저개발 지역주민들의 필요를 공급하며 평등과 박애정신을 펼치고 있었다.

혼자보다 연합하면 더 큰 시너지와 영향력이 커진다는 걸 그들을 보며 배우게 됐다. 나도 즉시 꿈을 바꿨다. 혼자 몰래 몰래 하면 50명, 100명 도울 수 있지만 이렇게 연합작전을 펼치면 더 즉각적인 도움과 확장이 가능하다.

사람들은 기본적으로 남을 돕고자 하는 선한 마음을 가지고 있기 때문에, 선한 뜻을 알리고 자원자들의 동참과 연결을 유도하는 것도 좋은 일이다. 계기가 없어서, 혹은 혼자 돕기 민망해서 차일피일 미루는 이들도 많다고 봤다. 그래서 회원이 주인인 사단법인 재단을 만들었다. 섬김-나눔-복음을 이념으로 삼고 예수의 복음과 사랑으로 굶주리고 가난한 이웃들의 변화와 행복을 돕는 것을 목적으로 한다.

재단 설립은 회사를 세우는 일보다 어려웠다. 보건복지부 산하로 신청했는데 일반 기업에서 세우는 재단이라서 그 순수성을 심사하는 데만 3년이 걸렸다. 오래 기도하면서 우리의 사명이 되기를, 또 사명이라고 믿고 기다렸더니 2009년에 인가를 받았고 구호사업 지원활동에 중점을 두고 있다.

재단의 시작은 내가 연세대에서 사회복지학 석사과정을 밟을 때 생겼다. 실습으로 대학원생 모두가 뇌성마비 같은 중증 장애인들을 돌보는 센터로 봉사를 갔다. 장애인과 1:1로 짝을 이루어 산책도 하고 밥도 먹는 프로그램을 진행했다.

나와 짝이 된 친구와 이야기를 나누며 점심 식사를 돕는데 그가 어렵게 싼 상추쌈을 내게 건넸다. 뚜욱 떨어진 굵은 침이 버무려진 그의 쌈을 나는 얼떨결에 받아들었지만 먹을 수가 없었다. 그 친구 모르게 다른 데다 몰래 버리고 돌아서야만 했다. 그 장면이 집에 와서도 내내 마음에 걸려 부끄러웠다. 사회복지를 공부해서 어려운 이를 돕겠다는 내 거창한 비전에 와장창 금이 가는 소리가 들렸다.

'아, 어려운 이를 향한 사랑과 긍휼이 내게는 없었어.
나는 가짜야. 이 일이 나한테 맞지 않는 일이었는데
혼자 착각했구나.'

자괴감에 괴로워하는 얼굴을 보고는 남편이 왜 그러냐 묻기에 얘기를 했다. 남편은 의외로 명쾌하게 정리해줬다.

"그랬어? 당신이 직접 돕는 일이 안 맞으면 돈을 많이 벌어서 긍휼과 헌신을 가진 다른 사람들을 도우면 돼. 다 역할이 다르지, 뭘 그렇게 고민을 해요?"

그 얘기는 내게 하나님의 메시지로 들렸다. 사회복지에 대한 내 마음 자세와 비전을 일시에 바꿀 수 있었다. 장애인 시설이나 고아원을 해볼까 하던 방향 대신 기업인이니까 물질의 달란트를 활용해서 지원하자, 나보다 더 준비된 사람들이 그 일을 감당할 수 있도록 후원해야겠다고 내 역할을 바로잡았다. 현장에서 직접 일을 하지 않더라도 관련 봉사단체나 기관을 돕고 협력하는 지원재단의 사명을 다하기로 했다.

그때야 나는 나와 내 마음을 제대로 알게 됐다. 이웃과 봉사자를 지원하는 재단의 정체성을 가지고 노숙인 섬김에서 쪽방촌, 다문화가정, 장애인, 새터민, 독거노인, 소년소녀 가장 같은 사회의 사각지대에 놓여 도움이 미처 닿지 못한 분들을 여러 형태로 돕고 있다. '너희가 먹을 것을 주라' 하신 말씀대로 우리가 가진 죽과 식자재를 나누는 일은 기쁘고 당연하다.

또한 '본사랑죽'이라는 분말 제품을 개발해 아시아와 아프리카의 저개발국과 영양 불균형지역, 북한의 굶는 아이들, 해외 선교사님들께도 보내 생명을 살리고 있다. 유통기한이 1년이나 되고 쌀과 콩, 분유를 주성분으로 만들어서 비타민과 미네랄 등 10여 가지 영양소를 포함한 분말이다. 여기에다 찬물이나 뜨거운 물을 부으면 마시거나 떠먹을 수 있는 죽으로 호환되어 딱딱하거나 뻣뻣한 음식을 먹지 못하는 이들을 살리고 있다.

해외 원조기관들로부터 지원 신청을 받아 전쟁과 기근으로 고통 받는 이들과 영양실조 아동, 홈리스들을 섬기고 있으니 본죽의 목적에 잘 부합하는 생명의 음식이다. 아이들의 배를 채워주는 것이 꿈을 지켜주는 일이라고 믿기에 지원 평가결과를 받아서 본사랑죽을 개선하고 꾸준히 지원하고 있다.

아울러 기업 수익의 10%를 본사랑재단의 재원으로 쓰고 있다. 본사랑의 주요 사업으로는 국내외 영양급식사업, 장애아동 꿈드림사업, 소아암 아동지원, 쪽방촌 섬김사업, 풍수해 지역 긴급지원, 세계아동 꿈드림사업(본아이에프 임직원과 네팔, 필리핀 아동의 1:1 결연), 콩고 보건소 건축과 식수 개발 등이 있다. 축복을 나누고 이웃을 섬기는 사랑의 재단이라는 자부심과 당위성으로 움직이고 있다.

쪽방촌 문화교실과
작은 예수들

대학로 마로니에 공원에서 노숙인들에게 배식 봉사를 시작한 일이 나중에는 부평역, 천안역으로까지 확장됐다. 계동 본죽 직영점의 수익은 온전히 노숙인 섬김 재원으로만 쓰이고 있다. 새로 입사한 신입직원들은 모두 이 섬김에 1주일씩 봉사하게 하는 게 우리의 입사 신고식이다.

지금까지 가장 오래 지속하는 섬김에는 쪽방촌 섬김이 있다. 내가 대학원 다닐 때 주방의 한 실장님이 다니는 교회의 부목사님이 쪽방촌에서 개척교회를 하신다는 말씀을 하셨다. "대표님이 한번 심방 좀 해주실래요?" 해서 찾아간 것이 쪽방촌 분들을 섬기는 등대교회와 인연을 맺게 되었다.

지하로 내려가는데 고기 익는 냄새가 진동했다. 사모님이 나를 반기며 인사도 하고 큰 냄비에다 고기도 볶느라 바쁘셨다.

"여기 분들도 1주일에 한 번 정도는 고기를 먹어야죠. 영양실조 걸린 분도 있고 그래요. 돈은 없지만 싼 고기라도 사다가 이렇게 볶아드려요."

그 말씀이 너무나 충격적이었다. 어두운 지하에 성도도 없는데, 목사님 내외가 어렵게 준비하는 고기, 쪽방촌 분들을 대접하겠다는 그 마음에 나도 모르게 눈물이 쑥 나왔다.

그때부터 그분들과 함께 12년째 전 직원과 쪽방촌을 섬기게 됐다. 따로 섬김의 날을 정해 기업 전체가 여러 방면으로 관심과 사랑을 기울이고 있다. 가장 인상에 남고 보람을 느꼈을 때는 쪽방촌 문화교실을 할 때였다.

좁은 방에 웅크리고 있는 그분들을 방문해보면 자꾸만 답답했다. 뭔가 삶에 활력을 드리고 재활의지도 키워줄 꺼리, 더 인간답게 살고 인간성을 회복할 만한 어떤 계기를 드리고 싶었다. 단순히 쌀이나 김치, 라면으로는 채울 수 없었다. 어떻게 하면 밖으로 좀 끌어내 빛을 보게 할까?

사회복지학을 전공하면서 문화섬김에 대한 비전이 어렴풋이 생겼다. 문화로 삶의 회복과 의욕이 좀 일어났으면 하고 등대교회 목사님과 의논을 했다. 희망과 절망 사이에서 예술을 소비하며 고통과 시간을 견딜 수 있으니 자주 문화주사를 맞으려는 게 현대인의 생리 아닌가. 문화프로그램이 이분들에게 어떻게 작용할지 모르겠지만 한번 해보자 해서 저질렀다.

첫 회에 자원봉사자와 재능기부자를 섭외하던 중 유명 성악가들이 섭외가 됐다. 교인도 적고 너무 부담이 되어서 어떻게 모셔야 되나 걱정이 앞섰다. 자원해주신 다섯 성악가 앞으로 10여 명의 청중이 앉았다. 얼굴이 화끈거릴 정도로 민망했지만 순간 지혜가 떠올랐다.

"이 작은 자리에 예수님이 앉아계십니다. TV에서, 세종문화회관에서 노래하는 성악가분들이 여러분을 섬기러 달려왔습니다. 모두 기쁜 마음으로 들어주십시오."

마이크 없이도 온 마음을 다해서 부르는 오페라 명곡과 찬양에 등대교회는 눈물바다로 변했다. 성악가들도 눈물을 흘리며 다음에도 또 초대해달라면서 헤어졌다. 은혜와 감동의 시간은 지금까지 70회 이상 이어지고 있다. 실내악, 마술, 연극 등 다른 레퍼토리도 준비했고 없을 때는 내 시를 복사해서 나눠드리고 함께 시 낭송회도 했다.

지금은 100명 가까운 교회로 성장했고 문화교실 또한 주변 이웃들도 함께 즐기는 행사가 되었으니, 섬김 중에 가장 보람되고 기쁜 섬김이다. 의도했던 재활의지도 생겨서 일을 찾거나 임대주택으로 옮겨간 분들도 있었다. 욕설과 싸움 소리로 늘 시끄러웠던 교회가 이제는 차분한 모습으로 예배를 드리는 경건한 분위기가 됐다고 목사님이 내게 자랑하기도 했다.

아울러 다문화 글쓰기 대회, 장애인 댄스대회, 뇌성마비 장애인 축구대회 등도 함께 했다. 수혜자를 넘어서 목적을 향해 연습하고 도전하며 팀워크를 이루는 사람들, 프로그램에 참여하면서 서로가 서로에게 동기부여도 하고 도전받는 특별한 날이 늘고 있다. 회원들과 함께 우리도 성장하고 위로와 힘을 얻는다는 것이 굉장히 뜻깊고 값지다.

비슷한 문화섬김 코드로 갤러리카페의 섬김을 실현한 예도 있다. 강화도 옆 동검도에 3층짜리 본사랑 갤러리카페를 마련하게 됐는데 낙조 명당으로도 유명해졌다. 아담한 직원 연수동으로, 본미션의 목회자와 사모님, 선교사 힐링(로뎀나무 캠프)을 위한 캠프장으로, 지인들의 휴가처로 쓰이면서 일상의 환기구 역할을 하고 있다. 소비자에게 사랑받은 만큼 문화섬김의 스펙트

럼도 다양화할 수 있어서, 작은 소망도 하나씩 이뤄가고 있어서 감사하다.

축복받은 기업으로서 평등한 기회를 나누려는 움직임이 세상을 아름답게 하고 선순환을 이루는 계기가 되는 것 같아 기쁘다. 나누고 배우고 성장하는 기업으로서 평생 지속해야 할 기업문화이자 책무라서 자랑스럽다.

좁은 방에
웅크리고 있는 그분들을 방문해보면
자꾸만 답답했다.

단순히 쌀이나 김치, 라면으로는 채울 수 없었다.

어떻게 하면 밖으로 좀 끌어내 빛을 보게 할까?

D(도네이션) 매장과 BM(선교) 매장의 열매

위기와 혁신을 통해 기업은 성장했고 가맹점도 많이 생겼다. 더 의미 있고 조직적으로 기업의 가치를 실현하기 위해서 모든 가맹점들은 다양한 형태로 선한 일에 참여하고 있다.

일반 매장은 D매장, 즉 도네이션(donation) 매장이라고 부르는데 매장 수익금의 일부를 기부하고 있다는 의미다. 점주 사장님이 빈곤아동 1명을 후원하거나 지역의 어려운 이웃에게 쌀을 기부하는 등 본사랑의 사업과도 함께하고 있다.

해외로 진출할 때도 기부금의 공유를 놓고 많이 고민했다. 중국 한족들과 개점 계약 당시에 우리 기업의 가치를 조심스럽게 얘기했더니 흔쾌히 참여하겠다는 의사를 밝혔다. 나만의 부귀영화를 추구하기보다 우리가 가진 콘텐츠와 열매로 사회에 환원하고 낮은 곳에 있는 이웃에게 손 내밀 때 기업의 가치와 보람이 커진다고 생각한다. 국내외에서 D매장의 기능을 충실히 수행해주는 덕분에 선한 기업, 선한 매장, 선한 사장님들로 변모하는 중이다.

BM(선교) 매장은 하나님의 축복을 받은 기업으로서 하나님 사랑과 이웃 사랑을 나누기 위해 마련한 해외 선교매장으로, 선교사님들이 그 일을 감당하고 있다.

선교사님들의 비즈니스 선교를 위해 선교매장을 열어드리는 데 주력하고 있다. 비자 문제와 생계를 해결하고 지역 친화와 소통을 위한 장소를 제공할 수 있으니 셀 처치(cell church, 작은 교회) 또는 일터교회가 될 수 있다.

매장에서 복음과 섬김이 함께 이뤄질 수 있도록 돕는 시스템이니 한마디로 기업의 완전판(토털버전)이다. 브랜드와 시스템, 노하우와 물질, 사랑과 복음까지 총동원되어서 오지 곳곳에 복음과 섬김이 흘러나갈 수 있도록 베이스캠프를 쳐드리고 있다.

두드리면 열린다고 BM(선교) 매장이 전 세계 어려운 나라 곳곳에 생기고 있다. 쪽방촌 문화교실만큼이나 가치 있고 보람 있는 일이라서 감격스럽다. 여기까지 온 것이 기쁘고 앞으로도 가야 할 곳이 많아서 설렌다.

선교사님들의 발을 닦이는 일과 더불어 길을 터주는 일도 겸출 수 없다. 자비량 선교사나 후원 모금이 힘든 선교사님들과 더 많이 협력해서 그분들의 사기가 꺾이지 않도록, 외롭지 않도록 필요를 공급하는 BM(선교) 매장이 되기를 원한다.

'용기가 없는 사람은 다른 사람의 용기마저 빼앗는다'라고 생텍쥐페리는 말했다. 우리의 D매장과 BM(선교) 매장은 용기의 보급로, 나눔의 파이프, 마르지 않는 샘이 되기를 원한다.

본월드미션의
미션 파서블

아직 대기업은 아니지만 우리의 사명과 비전은 전 세계에 교회와 학교, 병원을 짓는 일이다. 그 전단계로 사회복지기관인 본사랑재단이 국내외 이웃사랑과 구제활동(NGO)을 겸하게 됐고, 2013년 9월에 설립된 선교재단인 본월드미션과 연합해 건축(설립) 지원사업을 추진하고 있다.

본미션은 세계 곳곳에 굶는 아이들을 먹이고 현지 선교사님들과 파트너십을 맺어 그분들이 키운 아이들을 후원하고 있다. 선교 현지의 학교와 보건소 설립을 지원하고 아이들의 영성과 인성, 지성을 키워줄 미션스쿨 건립에도 참여하고 있다.

방글라데시에는 다카 등 미션스쿨 10개 학교가 있는데, 아슐

리아 학교와 암바 고아원은 우리가 직접 설립해 확장하고 있다. 학교와 빵공장을 지원하고 1,800여 아이들을 키우고 가르치고 변화시키는 선교사역에 협력하게 된 것은 대단히 중요하고 자랑스러운 사명이다.

인도 뉴델리(본 아샤센터), 케냐 나이로비와 리무르, 필리핀 민다나오(스마일센터), 베트남 호치민(럼선학교), 네팔 썩띠콜(썩띠콜센터), 스리랑카 콜롬보(bonlove school), 터키 이스탄불(bon 디모데센터), 볼리비아 라파스(잉카선교회) 등 9개국 10개 도시의 2,400여 아이들을 본사랑재단과 본미션에서 키우고 있다.

앞으로도 더 많은 전 세계 빈곤아동들의 성장을 도울 뿐만 아니라 고아원과 병원, 교회와 학교를 짓는 일도 기업의 장기사업으로 추진하고 싶다.

2013년 9월에 본아이에프의 선교재단으로 설립된 본월드미션은 복음과 사랑의 통로가 되기를 희망하며 복음 전파와 영혼 구원사업에 집중하고 있다.

국내 사업으로는 안식년을 맞아 또는 한국에 잠깐 귀국한 선교사님들의 숙소와 치유 상담을 제공하고, 매 학기 선교사 자녀 50~60명을 선발해 장학금 지원도 하고 있다. 선교사님이 꿈이라면 선교사 자녀들(MK, Missionary Kids)은 꿈 너머 꿈 즉, 또 하나의 미래 소망이기에 다니엘 MK 장학금을 후원하고 있다.

되도록 공항과 전철역에서 가까운 화곡동(20칸), 염창동(10칸), 신촌(20칸)에 선교사 전용 게스트하우스를 마련해 300분 가까이 이용하고 있다. 아울러 사역자와 차세대 리더를 위한 캠프, 로뎀나무 캠프, 다니엘 MK 캠프, 사모동행 캠프를 통해 선교활동을 돕고 있다. 해외 사업으로는 어린이 그림성경(원더풀 스토리) 보급사업과 신학교 지원, 문화선교사업(본웨이브 공연) 등을 추진 중이다.

이 재단은 한 아프가니스탄 선교사님의 전쟁고아 사진전 개최를 돕다가 시작됐다. 선교사님 임시 숙소로 내 어머니의 방 한 칸을 내드리고 사진전 후원을 해드린 것이 인연이 되었다.

1달 여의 일정을 마치고 여전히 아픈 허리와 지친 마음을 이끌고 다시 선교지를 향해 돌아가는 선교사의 뒷모습이 내 가슴을 뭉클하게 했다. 그분들을 품고 기도하다가 '가족 딸린 바울들이 울고 있다, 그들을 도우라'는 말씀이 나를 지금까지 자꾸만 움직이게 한다.

본사랑에서 본미션으로 자연스럽게 사명이 확장되고 있어서 흐뭇하고 감사하다. 기업이 가지고 있는 브랜드와 노하우, 시스템과 물질, 사랑의 토털 버전으로 세계 오지에서 활동 중인 선교사님들에게 선교 마장인 본죽&도시락 브랜드를 열어 드리고 있다.

어려운 현지인들이 매장에서 일할 수 있도록, 한글교실과 요리교실 등을 열면서 지역 발전을 돕고 선교와 구제를 동시에 할 수 있는 선교 매장이 될 수 있도록, 한마디로 일터교회가 될 수 있도록 지원하고 있다. 이 사업이 우리 기업이 가는 행보의 거의 끝자락에 있다고 본다. 은퇴 선교사님들의 노후와 건강을 보살필 영성원 건립도 구상 중이다.

정리해보면, 본미션은 선교사님들과 파트너십을 맺고 하나님 나라를 확장하고 있으니 기독교 기업의 가장 중요한 사명을 수행 중이다. 본죽은 축복의 통로로서 수많은 이들의 생계를 매장으로 섬기고, 음식으로도 섬기고, 가업을 이루도록 돕는 사명을 수행 중이다. 그 열매는 본사랑재단을 통해서 빈곤아동을 돕고 학교와 고아원 같은 교육시스템을 지원하는 데 쓰이고 있다.

세계 선교와 구제의 임무를 띠고 선교사님들과 연합해서 그 지역을 발전시키고 생명을 살리는 일에 마지막 때까지 쓰임 받는 기업, 이것이 우리의 희망사항이다. 합력해서 선을 이루는 일이라서 더욱 가치 있다.

글로벌 비즈니스와 선교와 구제를 동시에 진행하고 있으니 우리 기업의 가는 길은 하나님의 축복과 은총이 함께 해야만 가능하다. 이 길은 믿지 않는 이들과도 두루 합력해야 하니 늘 겸손하고 존중하는 문화를 지키며 정도(正道)를 걷고자 한다.

시인 CEO,
사회복지사 CEO

사실 젊은 날에는 신학 공부를 하고 싶었다. 신학 대신 선한 부자의 꿈을 받고 기업을 경영하게 되면서는 많은 이들을 행복하게 해주고 싶었다. 축복을 받으면 선한 부자가 되겠다는 열망이 나눔과 섬김의 행동코드로 나온 것 같다. 기업으로 축복받은 후에는 노숙인과 쪽방촌 주민들을 섬기게 됐다.

2007년 연초에 빌 게이츠 부부가 빌&멜린다 게이츠 재단을 만들어 같은 뜻을 가진 기부자들과 함께 아프리카의 빈곤한 사람들을 살려내는 기사를 신문에서 접하며 나는 큰 충격을 받았다. '아, 너도 모르게 나도 모르게 하는 선행은 너무 작구나. 몰래 몰래 돕는 게 다가 아니구나' 깨닫고는 꿈을 확장하게 됐다.

힘을 합치고 손을 모아 선을 이루면 더 좋지 아니한가! 그 소망의 실현이 본사랑재단이다. 가맹점 사장님과 협력사 등이 회원이 되어 만든 사단법인이다. 다다익선이라고 선한 일은 많을수록 좋고 세상에 더 많은 선한 영향력을 펼치고 싶다는 꿈과 비전으로 시작했다.

그런데 막상 이사장이 된 나는 너무나 모르는 게 많았다. 나누고 섬기는 일에는 열정보다 지혜와 테크닉이 필요했다. 물품 지원이나 현금 후원이 능사가 아니라 꼭 필요한 사람들에게 꼭 필요한 형태로, 적시와 적소에 적재가 공급되고 나눠져야 한다는 걸 알게 됐다. 그래서 전문 지식의 필요를 느꼈고 연세대학교 대학원에서 사회복지학을 전공했다. 교정에 있는 언더우드 선교사의 동상을 지날 때마다 들었던 왠지 미안하고 죄송한 마음의 빚을 조금씩 덜어보고 싶었다.

재단의 사업을 더 잘하고 싶어서 감행한 공부는 재단에만 영향을 미치지 않았다. 뚜껑을 열고 들어가 보니 사회복지학은 사회사업과 사회정책 외에도 정말 다양한 인문학을 내포하고 있었다. 나의 행복의 조건과 타인의 행복의 조건을 배웠고, 사회 곳곳에 소외된 이들이 얼마나 많은지도 알게 됐다. 복지는 돈으로만 해결될 문제가 아니었다. 인간과 사회, 심리에 대해 많은 것을 배우고 알게 된 학문이었다.

　기업 경영의 방향을 정하게 하고 직원들, 사장님들, 협력업체들, 소비자들에게 내가 어떻게 관계를 만들어 나가고 물질을 나눠야 하는지 그 깊이가 깊어지는 시간이었다. 낮에는 경영, 밤에는 공부를 병행하느라 쉽지는 않았지만 가치는 충분했다.

　쌀과 김치라는 1차원적 지원에서 문화교실이라는 문화섬김 즉 다차원적 섬김까지 나아갔다. 더 본질적인 인간성 회복이나 행복을 추구하는 인간에 대한 이해 등이 깊어지니 섬김의 질도 높아졌다. 그것이 바쁜 업무에도 직원들과 함께 비전워크숍, 사명워크숍, 성찰워크숍, 감사워크숍을 하는 이유이기도 하다.

　이웃을 사랑하는 방법이 성숙해지면서 내 인생에도 중요한 변화가 일고 있다. 단순히 기업 성장이나 수익 창출, 시스템 혁신뿐만 아니라 내가 왜 사업을 하는가? 이 사업으로 어떤 유익을 끼칠 수 있는가? 하나님은 이 사업을 통해서 나에게 궁극적으로 무엇을 기대하고 바라시는가? 이 기업이 내 사명으로서 어떻게 가야 더 가치 있고 보람될 수 있을까? 계속 질문하고 답을 찾게 된다.

　시인 겸 사회복지사 CEO로서 인간이 언제 행복한지, 언제 보람을 느끼고 삶을 풍성하게 살 수 있는지를 먼저 생각해보니 다른 이들에게도 그 영향력을 미칠 수 있었다. 가까이서부터 먼 곳까지, 내가 대접받고 싶은 대로 이웃을 대접하고 싶다.

내가 하는 일을 좀 더 고민하는 사람이 되어 간다. 이 모든 여정이 우연 같아 보이지 않는다. 하나님이 나한테 기대하는 것들을 몸소 배우고 실천하도록 일일이 이끄시고 동행하셨다고 생각한다. 시인이자 사회복지사라는 바탕은 내 인생에 큰 영향을 미치고 있으니 여러 가지로 감사하고 감사하다.

곤고한 골짜기를 혼자 걷게 하기
무거운 짐을 지고 언덕을 오르게 하기
넘어져도 혼자 일어나도록 내버려두기
울어도 못 들은 척하기
배고파도 참아내게 하기
목마름에도 외면하기
상처 입은 곳 혼자 아물게 하기
따돌림 당해도 몰라라 하기
고독하도록 혼자 두기

늘 동행하신다던 그분은 어디에…
등 뒤의 본심을 알면 통곡한다
독특한 그분의 사랑법
항상 뒤에 깨닫게 하신다.

그분의 사랑법

— 최복이 저, 〈사랑의 묘약〉(2006) 중에서

뭉근하다
[세지 않은 불기운이 끊이지 않고 꾸준하다]

빠른 게 좋다고 합니다.
기차도 빨라지고
통신도 빨라지고
인터넷 쇼핑 배달도 하루 넘기는 것을 참지 못합니다.

그런데 여기
느려야 좋은 것이 있습니다.

은근하고 뭉근하게 끓여야 하는 죽.
그래야만 자신의 양분을 고스란히 드러내는 죽.
그래야만 부드러움을 갖추고 제 모습을 드러내는 죽.

우리의 죽이 그렇듯
우리가 행하는 모든 일에
늘 '꾸준히 인내할 수 있게 해달라고 기도하는 것'
그것이 하나님이 주신 우리의 영업비밀입니다.

Chapter 06

선한 영향력

선한 사람은 그 쌓은 선에서 선한 것을 내고
악한 사람은 그 쌓은 악에서 악한 것을 내느니라
(마태복음 12:35)

Chapter 06

섬김·나눔·무릎으로 가치경영
―
선한 부자의 꿈, 작은 밀알의 사명
―
무릎으로 이기는 전략기획실, 워룸

섬김·나눔·무릎으로 가치경영

나의 경영철학을 묻는 분들에게 가치경영이라고 답한다. 가치경영은 섬김경영, 나눔경영, 무릎경영의 다른 말이기도 하다. 이 세 가지 경영철학을 하나로 꿰뚫어 요약한다면 사랑경영이라고 할 수 있다. 기독교인으로서 성경적 가치경영 즉 섬김, 나눔, 무릎의 의미는 성경 전체를 꿰뚫는 사랑경영의 다른 말이다.

네 이웃을 내 몸같이 사랑하라(마태복음 22:39)
너는 마음을 다하고 뜻을 다하고 힘을 다하여
네 하나님 여호와를 사랑하라(신명기 6:5)

예수님과 성경이 가르쳐준 이 가치가 경영에서도 흘러나가고 있다. 사랑의 나눔은 내 정신적인 가치이자 핵심이기에 기업경영에도 영향을 미칠 수밖에 없다.

기업의 설립이념도 모든 것이 합력하여 선을 이룬다는 성경 말씀(로마서 8:28)에서 뽑았고, 우리 기업의 6대 핵심가치 또한 성경이 가르쳐준 가치다. '경쟁보다 협력, 성공보다 사명, 나보다 우리, 계약보다 약속, 이윤보다 가치, 빨리보다 멀리' 이 6대 가치가 우리 기업경영의 핵심으로 작용하고 있다.

경영철학과 함께 경영원리 3가지에는 '동심원의 원리, 선순환의 원리, 상생의 원리'가 있다. 동심원의 원리는 인격과 능력과 신앙이 조화로운 사람으로 나를 먼저 경영해내는 것부터 시작해서 가족, 직원, 가맹점, 소비자, 이웃, 세계인으로 퍼져나가는 영향력을 말한다.

즉 나부터 시작하되 선한 확장을 일으키면서 더 멀리 섬기고 나눠야 한다는 차원에서 동심원의 원리를 중요하게 본다. 멀리서부터가 아니라 나부터, 가까이서부터 섬김이 퍼져나가야 한다는 생각이다.

선순환의 원리는 내가 먼저 섬기고, 나누고, 존중하고, 대접

받고 싶은 대로 대접하면 상대방도 그렇게 할 것이고, 상대방은 또 다른 이에게도 그렇게 할 거라는 믿음에서 나왔다. 선함이 계속 이어지는 것만큼 크고 강력한 변화는 없다.

우리가 가맹점을 섬기면 가맹점이 소비자를 섬기고 이는 소비자 감동으로 이어져 수익구조 또한 좋아진다. 본사에서도 수익의 10%를 섬김에 쓰니까 더 많은 섬김과 영향력을 나눌 수 있다. 가맹점의 매출도 상승하고 또 다른 섬김이 연달아 파생될 것이다. 나의 선한 고리가 다른 선한 고리와 맞물려 축을 이뤄나갈 것이니 생각보다 더 지속가능한 섬김이 될 것이다.

상생의 원리도 중요하다. 기업이다 보니 수익이 주목적이긴 하지만 어떤 경우에든 누구에게도 피해를 주면 안 된다. 나의 유익과 기업의 수익을 위해서 불공정하거나 부당하거나 정직하지 못한 일은 절대 하지 않는다.

선한 가치대로 서로 잘되는 방향으로 가야 한다. 똑같은 과정에서 혹시 손해가 난다면 우리는 손해를 보더라도 상대가 잘되도록 도와야 궁극적으로 상생할 수 있고 관계가 깨지지 않는다.

나는 가치경영을 경영모델로 삼고 사명 포트폴리오를 그리면서 매일 조금씩 실행하고 있다.

우리 기업이 본이 되도록 이끄는 사명, 본사랑재단을 통해서 이웃 사랑의 선순환 구조가 지속되도록 나눔을 실천하는 사명, 본월드미션을 통해서 전 세계 2만 7,000여 선교사님들과 함께 생명을 살리는 사명이 땅 끝까지 전파될 수 있도록 애쓰고 있다. 이 모든 사명과 가치를 이루는 일이 우리 기업과 나의 존재 이유다.

선한 부자의 꿈,
작은 밀알의 사명

내가 품었던 선한 부자의 꿈은 본죽 그룹을 통해서 실현되고 있다. 가슴에 품었던 꿈이 본사랑재단과 함께 손발의 실행으로 옮겨가고 있는 중이다. 나눠주고 베푸는 꿈에서 사람을 살리고 세우는 사명까지 이어지고 있으니 놀랍고 감사하다.

기업의 결과가 좋고 목적이 뚜렷하다 해도 과정이 좋지 않으면 절대 안 된다. 엄밀하게 말해서 인생은 과정이다. 어떻게 선한 부자가 되어가는지 그 과정이 더 중요하다. 나눠주고 베푸는 데에만 목적을 두고 부자가 되는 과정이 무시된다면 그것은 반토막짜리라고 본다. 과정도 성경적 가치대로, 많은 사람들과 연합해서 바르고 건강한 이윤 창출이 이뤄져야 한다.

따라서 모든 과정이 윈-윈 구조와 유익을 나누는 단계를 거쳐야 한다. 그렇게 선한 부자가 되었다면 그 열매로 사회의 그늘진 곳에 빛이 되고 꿈을 주는 역할을 잘 감당해야 한다. 그래야 다른 나라와 인류에까지도 갈 수 있을 것이고 그래야 복되다고 생각한다. 아직은 미흡하고 부족하지만 내 방향과 꿈은 그렇게 가기를 바라고 있다.

과정 또한 아름다운 본이 되는 기업, 그 열매로 사회 공헌의 역할을 다하고 저개발국가의 낮은 곳까지도 잘 살도록 돕고 살피는 것이 우리 기업의 가치라고 생각한다.

또 하나, 나는 크리스천으로서 선교의 사명을 가지고 있다. 우리나라는 복음의 은혜에 빚진 나라다. 일제 강점기와 6.25 등 고난의 시대를 지나면서도 이렇게 잘살 게 된 것은 선진국의 선교사들이 우리의 교육, 의료, 경제 등 많은 부분에서 발판과 견인차가 되어 주었기 때문이라고 생각한다.

원조를 받던 나라에서 원조를 하는 나라로 마땅히 우리도 소외된 나라에 가서 교육과 선한 영향력을 미쳐 복된 나라로 바꿔어 갈 수 있도록 돕고 이끌어줘야 은혜 갚은 채무자가 될 수 있다고 본다.

하나님의 은혜로 세워진 기업의 의무, 훈련되고 준비된 나의 책임 같은 거룩한 부담을 느끼고 있다. 그래서 본월드미션이 선교사님들의 발을 닦이고 필요를 채워주며 협력하는 일을 맡고 있다.

내가 처음 신앙을 가졌을 때 나는 무엇으로 하나님의 은혜를 갚을까? 많이 기도했다. 신학 공부를 할까요? 하고 자원했지만 하나님이 주신 말씀은 딱 하나, 밀알이었다.

'한 알의 밀알이 땅에 떨어져 썩지 않으면 한 알 그대로 있고 썩으면 많은 열매를 맺느니라(요한복음 12:24)' 말씀처럼 목회보다는 나의 모든 것을 드려서 선한 가치를 맺기를 기대하셨다. 내가 죽어 썩는 과정을 통해서 많은 열매가 열리고 그 열매가 사람들을 살리고 세우기를 원하셨다. 하나님의 에너지 공급통로로 쓰이는 것이 내 밀알사명이 되었다.

쉽게 말해 남의 발을 닦이는 사명이다. 여전히 어렵고 그리 잘하지 못해도 내 인생을 걸 만한 사명이기에 이 세상 떠날 때 가장 값진 인생으로 사라질 수 있겠다고 믿는다.

마음과 뜻과 정성과 영혼을 다해서 사람들을 사랑하는 사명이 기업을 통해서 꾸준히 흘러가고 있다. 최고의 경제학자이자 능력자이신 CEO 하나님은 내 꿈 이상으로 나를 채워주셨다. 나도 나눠주고 베풀고 유익을 주는 선한 부자의 사명, 밀알이 되는 사명을 기대 이상으로 잘하고 싶다.

무릎으로 이기는
전략기획실, 워룸

　내 인생 전체를 통해서 섬기고 나누고 살기가 내 꿈이자 사명이다. 하지만 내 스스로는 밀알이 될 수 없다. 이기적이고 부족한 내가 이 밀알사명을 감당하고 섬길 수 있는 원동력은 신앙생활에서 나오는 기도사명이라고 자랑한다. 내가 매일 가장 귀하게 여기고 빠짐없이 꼭 지키는 일이 기도이기 때문이다.
　내 첫 책 〈무릎경영〉은 여기까지 오직 기도로 왔다는 증거 기록이다. 또한 기도로 가족, 직원, 나라와 민족, 정치경제·문화사회 각계각층, 선교사 등 많은 분들을 섬기는 일도 나의 일이다. 기도 섬김이라는 바탕 위에서 무릎경영, 섬김경영, 나눔경영이 가능해진 셈이다. 신앙이 나의 나 됨을 이뤄가고 있는 것 같아 얼떨떨하기도 하고 신기하기도 하다.

　부끄럽지만 나는 시집을 몇 권 낸 시인이다. 어릴 때는 시를 쓰고 시를 가르치면서 살면 좋겠다는 꿈이 있었다. 인생은 다모작이라니까 시 또한 여전히 내가 평생 경영해야 할 일이다. 요즘에도 많이 쓰지는 못하나 시 쓰기를 하고는 있다. 내 마음을 시로 옮겨 놓으니 시들이 일상에 위로가 되기도 한다.
　시집을 내면 가맹점에 다 돌려드린다. 사장님들도 많이 좋아라 하신다. 매장에 온 손님들이 죽 나오기 기다리다 시집을 읽으면서 위로도 받고 공감도 한다는 후문도 많이 들었다.
　내게 주신 달란트인 시로 사람들을 섬기는 일도 내 밀알사명 중에 하나기에 귀하고 감사하다. 시를 쓰면서 나도 치유와 회복을 경험한다. 내 마음을 글로 표현하는 일이 내 영혼이 잘되는 일 같다. 시 섬김이 기쁘고 유익하기에 사라지지 않는 한 평생의 필업(筆業)이 되기를 바란다.

　강의 섬김도 하고 있다. 몇 년 전부터 교회와 대학, 기업인들에게 강의할 일이 계속 생겼다. 아주 영광스럽고 중요한 사명 중에 하나다. 내 삶이 축복받은 과정이나 가치경영이나 고난의 의미 같은 사실들이 누군가에게 전달되어 용기와 도전이 된다면 나는 어디든지 가서 내 경험을 나눠야 될 것 같다. 가난한 애기엄마일 때부터 하나님의 증인(간증자)이 되기를 원했던 내게는 값지고 보람 있고 영광스러운 일이니 그것 또한 사명이라고 생각한다.

교회나 기독교 단체에서 강의할 때는 강의료를 감사헌금으로 돌려드린다. 강의 자체가 기쁨이고 내가 받는 감동이 더 크기 때문이다. 하나님 집에서 하나님 얘기로 받은 사례비는 섬기는 데 쓰는 걸 원칙으로 하고 있다.

아직은 시집 몇 권과 〈7전8기 무릎경영〉 한 권밖에 나오지 않았는데 앞으로는 더 많은 책을 쓰고 싶다. 책 자체도 섬김이 될 수 있도록 책 섬김을 지향하고 있다. 지방의 미자립 교회에도 많이 보내드렸고 방송을 통해서도 원하는 분들에게 부쳤다. 직원과 가맹점, 선교사님들께도 보냈는데 많은 분들이 위로를 받으셨다 해서 기쁘고 흐뭇하다.

이렇게 막 나눠주면 베스트셀러가 못 된다는 만류에 살짝 고민하기도 했지만, 대체 책은 언제 팔 거냐고 핀잔도 받지만, 많이 팔리는 베스트셀러보다는 단 하나의 우니크셀러(uniqueseller)가 더 가치 있다고 본다. 일일이 여러 곳에 가서 강의할 수는 없으니 하나님이 역사하신 책이 대신 곳곳에 가서 밀알이 되기를 기도한다.

이 자체로 너무나 기쁘고 감사하다. 내가 썩어져서 수많은 이들이 살아날 수 있다면 나는 아무것도 아깝지 않을 것 같다. 내 인생 전체가 섬김과 나눔으로, 가치로, 밀알이 되어가는 인생이 되기를 간절히 바라고 기쁘게 그 일을 감당하고 싶다.

앞으로도 오직 무릎으로, 기도로 가야 한다는 것을 내 경험치로 미루어 너무나 잘 알고 있다. 밀알사명을 실천해나가는 건 정말 어렵다. 내 자신과의 싸움, 세상과의 전쟁을 계속 치러야 한다. 쉽고 편한 가치, 보기 좋은 가치, 먹음직한 가치, 유혹적인 가치들이 내 마음을 자주 흔들고 내 약점을 공격한다.

그래서 나는 내 기도실을 워룸(war-room)이라고 표현하고 있다. 나 자신과의 싸움, 우선순위와의 전쟁에서 흔들려도 무너지지 않고 사명을 지켜내기 위해서는 기도할 수밖에 없다. 하나님의 신호와 결재가 떨어져야만 그 길을 끝까지 갈 수 있기 때문이다. 워룸이라는 경영전략기획실을 통해서 섬김과 가치경영이 지속되고 진행될 수 있다고 믿는다.

섬김경영, 나눔경영, 가치경영 이 모든 것이 나의 밀알사명을 이뤄가는 삼위일체다. 이것은 기도로만 가능하기에 무릎경영을 먼저 묶어냈다. 사명을 이루는 데 절대 나 혼자는 안 된다. 가족, 직원, 가맹점, 협력사, 소비자, 나를 알고 있는 모든 선교사님들과 믿음의 동역자들의 도움이 있을 때 가능하다. 모든 분들께 감사와 영광을 돌리고 또 나누고 싶다. 샬롬!

거룩한 일
— 최복이 저, 〈내가 두고 온 우산〉(2008) 중에서

따뜻한 사람끼리 앉아 쨈 바른 빵을 먹는 일
간단히 차를 마시며 함께 일상 얘기를 나누는 일
가족이 먹을 김치를 담그는 일
잔디를 깎는 일
감자나 고구마를 재배하는 일
손님을 위해 음식을 정성껏 준비하는 일
거리에 물을 뿌리거나 청소하는 일
누군가의 이야기에 귀 기울이는 일
문상객이 되어 함께 아파하는 일
낯선 곳을 여행하며 타인의 문화를 이해하는 일

목에 땀이 흐르도록 운동하는 일
가족이 아닌 사람의 이름을 부르며 기도하는 일
다른 사람을 축복하고 칭찬하는 일
아이들에게 꿈을 갖게 하는 일
가슴이 시원하게 노래를 부르는 일
좋은 지인들에게 편지를 쓰는 일
자기 일에 최선을 다해 몰입하는 일…….

감사하다

세상에서 가장 부자로 살 수 있는 방법,
세상에서 가장 맛있는 음식을 먹을 수 있는 방법,
세상에서 가장 좋은 집에서 살 수 있는 방법.
그것은 바로 지금의 것에
감사하는 것입니다.

우리는 여러분들이 있어서
세상에서 가장 행복합니다.
그래서 감사함을 갖기 위해
오늘도 한 그릇, 한 그릇에 마음을 담습니다.

'감사해 하며 살게 해달라고 기도하는 것'
그것이 하나님이 주신 우리의 영업비밀입니다.

Chapter 07

비하인드 스토리
가족섬김

서로 사랑하라 내가 너희를 사랑한 것 같이
너희도 서로 사랑하라
(요한복음 13:34)

Chapter
07

신앙의 뿌리가 된 시어머니
—
돕는 배필과 가장의 권위
—
가장 소중한 선물, 세 딸
—
친정엄마의 인내와 사랑

신앙의 뿌리가 된 시어머니

나는 시어머니로부터 기도의 유산을 물려받았다. 신실하셨던 어머니의 신앙생활이 모태신앙이 아닌 내게 영향을 많이 미쳤다. 포목장사로 오남매를 키우고 남편 병수발하다가 서른여섯에 혼자되셨어도 정결하게 사시는 모습이 늘 존경스러웠다.

그래도 시어머니는 시어머니셨다. 결혼 초반에는 다소 엄하고 두려운 분이셨다. 그러다가 내가 정말 어머니를 이해하게 된 계기는 36살쯤 되었을 때 찾아왔다. 그때는 남편이 몸살도 앓고 자주 아팠고 나 또한 마음이 무척 힘든 때였다.

'아, 내가 이 나이에 혼자되면 어머니처럼 살 수 있을까' 덜컥 자문하게 됐다. 딸 셋을 데리고 어머니처럼 살 수 없을 것 같았다. 이 험한 세상을 헤쳐 나갈 자신이 없었다. 젊었던 어머니는 참 대단하셨구나, 같은 여자로서 안쓰럽기도 하고 존경과 연민의 마음이 들었다.

그전까지는 늘 거리감이 들고 어려웠다. 외아들의 손자를 기다리는 어머니께 손녀만 줄줄이 낳아 안겼으니 떳떳하지도 못하고 남편의 사업이 잘 안되니까 늘 죄송했다.

어머니 심정이 이해될 즈음에야 어머니에 대한 긍휼과 사랑, 감사함과 안쓰러움이 내 마음에 한꺼번에 몰려왔다. 어머니와 같이 사는 게 사실 많이 힘들었지만 하나님이 주시는 마음은 달랐다. 긍휼과 안타까움이 생기니 어머니를 대하는 내 태도가 달라지게 됐다.

"어머니, 그때 어떻게 혼자 다 이겨내셨어요? 뭐가 제일 힘드셨어요? 동네사람들이 재가하라고 하지 않던가요?" 하면서 안 하던 질문을 하게 됐고 어머니도 기다렸다는 듯 인생사를 돌아보며 말문이 터지셨다.

굳세게 살아온 이야기를 듣고는 어머니가 더 살갑고 좋아졌다. 터놓을 수 없어 쌓였던 감정은 눈 녹듯 사라지고 그 후로는 반감을 갖지 않을 만큼 그냥 어머니가 좋아졌다. 어머님께 잘해

드리지는 못했지만 한 번도 어머니 말씀에 '노' 하지 않고 무조건 순종하게 됐다.

'그래, 사랑은 이해구나. 이해는 이해를 부르고 배려는 배려로 돌아온다'는 말을 체감하게 됐다. 어머니가 살아온 세상 얘기를 듣고 그 마음을 이해할 수 있게 되니 거리낌이 줄어서 나중에는 친정 갈 때도 시어머니를 모시고 갔다.

어머님도 딸들보다 며느리와 나들이하는 걸 더 좋아하셨다. 남편 같은 아들을 맡겨드렸듯이 집안 살림도 어머니께 맡겨드렸다. 어머님이 주인, 나는 하숙생처럼 지내니 관계도 좋아지고 일도 더 잘되기 시작했다. 손녀들도 먼저 챙겨주시니 자칭 빵점 엄마였던 내게는 여러모로 큰 버팀목이 되어주셨다.

주님의 사랑 안에서 가족 섬김이 먼저임을 깨달았다. 가족의 평안이나 기쁨, 순종과 희생이 있을 때 축복도 온다는 생각이 들었다.

생활력 강하고 억센 듯 보여도 시어머님은 참 사랑이 많은 분이시다. 항상 "우리 아들 며느리 열몫(열 사람 몫)하게 해주세요" 기도하시며, 미용실에 가서는 우리 며느리 지혜롭다고 자주 칭찬하신다는 소문을 들었다. 며느리에 대한 신뢰와 사랑을 항상 보여주셨는데, 더 큰 호강을 시켜드렸어야 하는데 일찍 돌아가셔서 죄송함과 아쉬움이 남는다.

　기도하는 엄마로 신앙의 위대한 유산을 물려주시고 가족을 사랑하는 법도 알려주셨다. 혼자되신 고난의 시간들을 잘 견디고 사신 모습이 약한 나를 잡아주신다. 어머니에 대한 감사가 늘 내 안에 있다. 우리 집안을 지탱해주시는 신앙의 뿌리 덕분에 우리 부부는 정말 열몫하며 사는 것 같다.

돕는 배필과
가장의 권위

가족은 섬김을 연습하는 가장 중요한 학교 같다.

우리는 남편이 스물한 살, 내가 스무 살에 만난 첫사랑 커플이다. 다른 사람과 사귀어본 적이 없어서 남편은 내게 유일한 남자다. 대학시절부터 만나서 하나 되어 살아가니 친밀하고 추억이 많은 점도 있지만 사업하면서 24시간 붙어 있으니 어려운 점도 참 많았다. 너무 밀착되어 있어서 각자의 삶이나 자유가 없는 것이 아쉬웠다. 남편 가는 데 따라다니는 게 내 삶이었던 것 같다.

나중에는 남편이 부부가 함께하는 교집합도 있어야 하지만 각자의 삶도 따로 있어야 하니 약간 조절을 해보는 게 어떻겠냐고 제안했다. 처음에는 좀 떨어져 있자는 소리 같아 싫어라 했는데 지나고 보니까 그런 시간의 장점이 더 많았다.

함께 할 것은 함께 하고 각자의 사생활이나 좋아하는 영역 등은 서로 존중해주는 것이 나이가 들수록 더 자유롭고 편안했다. 오래된 친구 같은 관계를 잘 유지할 수 있으니 남편이 지혜로웠다는 생각이 들었다. 사실 남편은 자칭 나의 수호천사라면서 나를 존중하고 성장시켜주는 최고의 파트너다. '인생은 누구를 만나느냐다'라는 정의에 동의하는 나는 사람의 인생에서 배우자를 무척 중요하다고 본다.

이전에는 내가 남편을 챙기고 따라다니고 돕는 배필로서 부족한 부분을 메꿔야 한다고 생각했는데 지금은 남편의 외조를 많이 받는 아내가 되었다. 그렇게 붙어서 일하는데 뭐가 힘드냐고들 묻곤 하는데 가정 일과 회사 일이 뒤섞여 분리가 안 되는 게 참 어려웠다. 집에서도 회사 일을 얘기하는 나를 남편이 지적할 때마다 뜨끔하면서도 내일이면 또 회사 얘기를 꺼내는 사람도 나다. 집에 오면 서로 판단이 다르니까 부딪힘도 있었다.

그래도 꼭 지키는 남편 섬김의 중요한 코드가 하나 있다. 잘 안될 때도 있었지만 신혼 때부터 나름의 원칙을 고수하려고 노력했다.

　집에서 생긴 갈등이나 언짢은 감정들이 남편이 밖으로 나갈 때는 품고 가지 않게 하는 것이다. 집에서 나와의 관계로 기분이 상할 때라도 집 밖을 나갈 때는 기분 나쁘지 않도록 일단 내가 미안하다, 잘못했다고 물러선다.

　신발 신고 나가면 세상이 다 전쟁터인데 집 안에서 싸운 복잡한 심정으로 나가견 안 된다. 귀가해서 또 다툴지언정 나갈 때는 불편하지 않게 하는 것이 남편 섬김의 내 작은 부분이다. 그게 남편한테 알게 모르게 도움이 되었던 것 같다.

　또 하나 남편을 믿어주는 아내 되기도 중요하다고 생각한다. 사업하다 망하고 취업이 안 되고 돈을 못 버는 시기도 많았지만 남편이 무엇을 하든지 또 잘되든, 안 되든 남편은 우리 가족을 위해서 최선을 다하고 있다고 믿었다. 남편이 잘될 거라고 믿어주는 게 내가 할 수 있는 가장 큰 지지였다.

　"당신은 잘할 수 있어요. 당신 곧 잘될 거예요. 지금은 좀 힘들지만 훌륭한 사람이 될 거예요"라고 격려하고 믿어줬다. 가족이 믿어주지 않으면 누가 이 가장을 믿어주겠는가? 미우나 고우나 남편을 정신적으로 섬기는 일도 아내의 몫이었다.

아이들에게도 아빠를 신뢰하는 엄마의 모습을 보였다. 중요한 일은 아빠가 결정하고 아빠의 권위가 집안에 설 수 있도록 했다. "아빠한테 의논하자, 아빠한테 먼저 여쭤보고 허락받아라" 하면서 남편과 미리 의논하고 결론을 낸 일이라도 아이들에게는 아빠와 대화하고 소통하게 했다. 그것이 가정의 머리이자 권위자인 남편을 섬기는 일, 하나님의 질서를 지키는 일이라고 생각했다.

남편을 섬기고 세우는 과정 또한 성경에서 하라고 말씀하신 대로 하고자 했다. 가정을 이끌고 세우는 일이 하나님께도 중요한 일이라는 걸 일찍 알았다. 믿음의 가정으로 서서 천국을 연습해보는 것도 이 땅에서 필요하다. 기도로 무릎경영을 하다 보니 자연스럽게 하나님이 원하시는 가족의 모습을 실현하게 하셨다. 하나님이 은혜로 이끄시니 내게 지혜를 부어주시지 않았나 생각이 든다.

부족한 사람이지만 하나님의 방법으로 가정을 이끌고 섬기게 하셨다. 가정에서 섬김의 요소를 배우게 실천하게 하셨다. 다른 집들처럼 크고 작은 위기도 많았지만 하나님은 나도 모르는 사이에 우리 가족을 늘 지켜주지 않았나 감사하다.

"당신은 잘할 수 있어요.
 당신 곧 잘될 거예요.

 지금은 좀 힘들지만
 훌륭한 사람이 될 거예요"라고
 격려하고 믿어줬다.

 가족이 밀어주지 않으면
 누가 이 가장을 믿어주겠는가?

가장 소중한 선물,
세 딸

아이들은 사랑스럽다. 하나님의 선물 중에 가장 귀하고 신비롭고 감사한 존재들이다. 내가 아이들을 섬긴다고는 하지만 아이들로부터 얻는 삶의 기쁨과 활력이 굉장히 큰 것 같다. 어려운 십자가면서 놀라움과 기쁨도 큰 양면성의 존재들이다. 부모가 되는 기쁨을 얻었으니 아이들도 섬겨야 된다는 걸 나중에 알았다.

나는 딸만 셋이다. 내가 24살에 첫째를, 26살에 둘째를, 막내는 32살에 낳았다. 하늘이 노랗게 보일 만큼 살기 어려운 때라서 잘해주지는 못했다. 형편이 어려워 셋 다 교회에서 하는 선교원을 다녔는데 그것이 참 다행이었다. 가난해서 그랬지만 신앙의 기초를 어릴 때부터 세울 수 있었으니 은혜였고 탁월한 선택이었다. 주님의 말씀과 사랑 안에서 흔들리지 않고 성장해줘서 감사하다.

(망해서 방배동 구옥으로 옮겨갔을 때는 방도 좁고 바퀴벌레가 돌아다녀서 양지바른 마당에 식탁을 놓고 큰 물통에 물을 받아서 셋이 놀게 했다. 몽실이라는 개도 키우던 그 시절이 좋았었는지 아이들은 커서 "엄마, 우리가 그때 어렵게 살았어?" 하면서 눈을 동그랗게 뜨고 되물으니 다행이다, 감사하다 안도하곤 했다.)

막내한테 "엄마가 우리 딸 너무 예뻐해서 닳아 없어지면 어쩌지?" 이런 말을 자주 했다. 사실 아이들을 섬겼다기보다는 많이 사랑했다. 둘째 낳고는 다른 사람이 아이를 안아주는 것도 혹시 떨어뜨릴까 싫어할 정도로 사랑했다. 내 다음은 정말 아이를 눈에 넣어도 아프지 않을 것 같았다. 설마 닳아 없어질까, 너무 빨리 크지 마라 하면서 한없이 예뻐했다.

부모가 자녀를 섬기는 건 그냥 사랑 같다. 내가 잘 챙기지 못하고 엄마로서도 부족했는데 아이들이 스스로 알아서 잘 커준 것과 하나님이 키워주신 게 고맙고 감사하다. 내 딸들이 잔소리처럼 꼽는 '엄마의 공포의 3마디'가 있다.

"엄마는 너희들을 믿어, 엄마가 기도하고 있어, 너희들은 잘될 거야."

믿는다, 기도한다, 잘될 거라는 응원으로 아이들에게 모든 걸 다 해주는 것처럼 해서 미안한 마음이지만 사실은 그게 전부라고 생각한다. 내가 해줄 수 있는 건 너무 작고 하나님께서 보이지 않게, 보이게 이끌어주심이 가장 크다고 믿는다.

사실 '엄마가 기도하고 있어, 엄마가 기도해줄게' 이 말이 자녀들 섬김의 전부라고 생각한다. 새벽에 자녀들을 위해서 기도하는 엄마의 모습이 가장 큰 자녀 섬김이고 사랑 같다. 특별히 잘해준 건 없지만 자녀를 위해서 끊임없이 기도하고 마음에 묵상으로 품고 있는 아이들에 대한 사랑이 섬김의 전부라고 믿는다.

앞으로도 그럴 것이다. 잘해준 것도 없고 잘해줄 자신도 없어서 고맙고 미안한 마음이다. 그저 엄마로서 하나님이 맡겨준 아이들에게 내가 해줄 수 있는 섬김은 기도 같다. 아이들을 위해 수없이 기도하는 게 가장 큰 섬김이다. 또 하나 해준 게 있다면 수시로 성경 말씀을 카톡으로 보내주고 묵상하게 한 일이라고 하겠다. 결국 기도와 말씀이 다했다고 본다.

세 딸아이는 하나님이 내게 주신 가장 큰 선물이고 보배다. 아이들이 크니까 큰딸아이는 사위도 데려오고 손녀도 낳았으니 가족도 불려주고 더 큰 선물을 배로 돌려줬다. 사위아들도, 손녀도 너무 예뻐서 내 가슴에 섬겨야 할 대상은 자꾸만 늘어간다. 기도 시간도 자꾸만 길어진다.

친정엄마의
인내와 사랑

내 친정은 충남 청양, 칠갑산 아래 모인 집성촌의 종갓집 큰 댁이다. 나는 13남매 중에 10번째 딸로 태어났다. 아버지가 나를 어릴 때부터 유독 사랑하셨다고 어머니는 종종 말씀하셨다. 객지 가셨다가 돌아오실 때 주머니에서 껌을 내주셨던 아버지의 사랑과 나를 믿어주고 귀하게 여겨주신 느낌은 지금까지 선명하다.

내가 시집가기 전날, 남편과 남편 친구들이 함을 지고 왔을 때 나는 아버지의 눈물을 난생처음 봤다. 내일이면 딸이 떠난다는 걸 실감하셨는지 내 딸 아까워서 못 주니까 다들 나가라고 호통을 치면서 함지고 온 사람들을 휘휘 내쫓으셨다.

그러고는 나를 붙잡고 아버지가 우셨다. 자식도 많고 일도 많으셔서 표현도 없으시고 엄한 분으로만 알고 있었는데 이렇게 우시다니. 나도 따라 눈물이 쏟아졌다. '아, 아버지가 나를 이렇게나 사랑하셨구나….'

평생 잊지 못할 아버지의 사랑을 시집가기 전날에야 확인했지만 그게 내게는 큰 위로이자 아버지에 대한 감사로 마음에 남아 있다.

어머니는 아버지보다 더 엄한 할아버지를 모시고 큰살림을 맡으셨으니 자식들에게 일일이 사랑을 표현할 겨를이 없었다. 거기다 작은어머니 식구도 있는 상황에서 평생 마음고생하시며 시집살이와 일만 하셨다. 일생을 져주는 사람으로, 무죄한 죄인처럼 참 고단하고 외로웠겠다는 생각이 나이가 들수록 절절해진다.

철이 없었던 나는 엄마한테 아픈 말만 잘도 꽂았다.

"엄마, 왜 그런 집에서 사셨어요? 그냥 나가버리지…."

"내 인생 하나 편하자고 어린 것들 서러운 밥 먹게 할 수 없어서 내가 참았다. 그냥 참고 살았다."

작은집 아이들도 엄마의 자식으로 호적에 올라 있었다. 평생 연적의 미운 자식까지 아끼시느라 당신은 흩어버리신 그 말에 내 마음이 참 오래 아팠다. 결혼 후 6, 7년 만에 우리 빌라에 한 번 오셨을 때의 기억이 아직도 생생하다.

밤에 나란히 누워 엄마니까, 엄마한테 결혼생활의 푸념을 한껏 늘어놓으며 내 인생을 비관했더니 엄마는 아무 말 안 하시고 듣고만 계셨다. 자고 아침에 일어나 엄마를 봤는데 얼굴이 퉁퉁 붓고 두 눈에는 멍이 들었나 싶을 정도로 핏발이 서 있었다.

'아, 나는 신앙생활 하는 사람인데… 아, 엄마의 인생은 정말 피눈물 나는 인생이었겠구나.'

또 엄마의 마음을 아프게 했다고 회개하면서 그때야 엄마의 피눈물 고인 인생을 그 눈에서 보았다. 그 뒤로는 엄마를 존중해 드리고 섬겨야 할 분으로 모셨다. 엄마가 돌아가실 때까지 내가 모시고 섬기게 하셨다.

엄마는 나이가 드실수록 자식에게 사랑을 많이 표현하셨다. 고맙다, 자식 많지만 너를 안 낳았으면 어쩔 뻔했냐 하시며 내 볼을 부비고 두 손을 자꾸만 보듬어주셨다. 나와 함께 교회도 다니시면서 한탄과 화병도 많이 누그러지셨다.

내 수행비서가 나이 드신 분이 사랑 표현을 저렇게 많이 하시는 건 처음 봤다면서 눈물을 흘릴 정도였다. 어머니는 돌아가시기 전까지 원 없이, 조건 없이 내게 사랑 표현을 많이 해주셨다. 이 땅에서 내가 가장 예쁘다며 듬뿍 사랑해주셨다.

마지막 돌아가실 때의 유언을 떠올릴 때마다 눈물이 핑 돈다.
"끝까지 엄마를 위해주고… 전도해준 우리 딸 고마워서… 천국에 하나님한테 가서 우리 딸 효도하고 잘해줬으니… 이 딸 꼭 잘되게 해달라고 부탁할게."

91세를 일기로 지난여름에 소천하신 사랑하는 우리 엄마. 평생 소처럼 일하며 퍼주고 싸주기 좋아하던 우리 엄마는 돌아가실 때까지 나를 섬기고 위로하시고 사랑과 칭찬으로 마음을 북돋아주셨다.

이 땅에서 나를 가장 사랑했던 엄마의 사랑을 품고 내 자녀들과 직원들, 사장님들, 소비자들, 이웃들에게 끊임없이 흘려보내는 통로와 도구가 되기를 원한다. 하나님의 사랑, 시어머니의 사랑, 어머니의 사랑이 물 같이, 하수 같이 흐르고 넘쳐 땅 끝까지 닿을 수 있기를 소망한다.

그렇게 오래 함께 살았는데
그 사람은
아직도 라면의 면발이 푹 퍼진 것을 좋아한다
나는 여전히
꼬들꼬들한 면발을 좋아한다
그래도 나는
절대 라면을 따로 끓이지 않는다
그 사람이 좋아하는 대로 라면을 끓인다
그 사람이 좋아하면
조금 불은 면을 먹으면 어떤가

서로
다르다

— 최복이 저, 〈내가 두고 온 우산〉(2008) 중에서

그렇게 오래 살았는데
그 사람은
아직도 삼겹살을 살짝 익힌 것을 좋아한다
나는 여전히
바삭하게 기름이 빠지게 구운 것을 좋아한다
그래도 우리는
아무 불편함 없이 삼겹살을 구워 먹으며 산다
같은 그릴에서
적당히 불 조절을 하면서 굽는다
서로 좋아하는 대로
서로의 취향을 인정하면 좋은 거 아닌가.

에필로그

은혜에 빚진 자의
성장보고서

사랑하는 자여 네 영혼이 잘됨 같이
네가 범사에 잘되고 강건하기를 내가 간구하노라
(요한3서 1:2)

　　세상과 신앙 사이에서 자라온 내 인생의 성장보고서를 드린다. 본죽에서 시작해 사람과 하나님과의 관계를 세우며 영성을 키워온 나와 기업은 지금도 성장 중이다.
　　창업 때보다 나이는 점점 많아지고 있지만 사람과 이웃, 세계를 향한 발돋움과 성장은 계속되고 있음을 감사한다. 이웃과 세계를 향한 나와 기업의 도전과 성취 그리고 나눔의 이야기가 여러분께도 닿을 수 있기를 바란다.

내 인생에는 승승장구보다 넘어지고 실패하고 상처받은 이야기가 더 많다. 여전히 나와 기업은 넘어지지만 이전보다는 일어나는 속도가 좀 더 빨라지고 똑같은 실수는 좀 덜하고 있다. 비록 겉은 낡아지나 속은 날로 새로워지기에 최단거리의 직선보다 최적거리의 곡선이 더 좋다. 내 삶이 증거가 된 이 책으로 여러분도 어려운 현실에서도 도전과 용기, 꿈을 얻으시기를 빈다.

'자기 일에 능숙한 사람은 왕 앞에 서고 천한 자 앞에 서지 않는다'(잠언 22:29)는 성경 말씀을 기억한다. 나와 우리 기업의 섬김이, 그리고 여러분의 재능이 왕 앞에 설 만큼 완숙해지고 특별해지기를 기도한다.

지금까지 지내온 것, 여기까지 오게 된 것 모두 무한히 감사할 뿐이다. 아무것도 아닌 나에게 모든 게 은혜로 주어졌으니 내 자신도 얼떨떨하고 낯설 정도다.
나를 둘러싼 사람들과 가족들에게 나는 도움만 받았다. 내조하는 사람이 아니라 외조를 받는 사람이 되어 미안하고 또 감사하다. 경영자로서 부족한 나를 보필해주고 함께 가고 있는 김경자 사무총장님을 비롯한 임직원들, 본사랑과 본미션의 협력에도 감사드린다. 가맹점 사장님들께는 기도 외에 해드린 게 하나 없음에도 항상 많은 격려와 좋은 신뢰를 해주셔서 과분하다.

멀리서 기도해주시는 목사님과 동역자들 그리고 이루 말할 수 없는 분들의 관심과 박수와 기대에 감사와 축복을 전한다. 협력사, 소비자, 언론과 방송, 해외 선교사님들 덕분에 흔들려도 다시 초심을 찾을 수 있었다. 때로는 이 모든 기대와 사업이 거룩한 부담이 되기도 하지만 더 진한 동기와 용기로 변해 나를 밀어주고 끌어주었다.

부족하지만 우리 기업의 이야기와 섬김경영이 수많은 사람들에게 선한 영향력이 되기를, 하나님 나라 확장에 꾸준히 쓰임 받는 도구와 통로가 되기를 원한다.
아울러 우리들의 영업비밀 7가지 포스터를 제작해주신 복음의전함과 공감의기술 식구들께도 깊은 감사의 마음을 전한다.

아무리 돌아보아도 나는 은혜에 빚진 자다. 선물로 받은 내 인생과 자녀들, 주변의 이웃들에게 빚진 마음을 갚으며 살고자 한다. 계속 응원하고 기대해주시기 바란다.

나와 우리 기업은 앞으로도 섬김과 나눔과 무릎으로 성경의 가치를 이루어내는 성장보고서를 부단히 기록하겠다.

샬롬!

소금창고가 있던 동네에서
본죽 · 본사랑 · 본미션 섬김이
최복이

삶이 나에게

— 최복이 저, 〈내가 두고 온 우산〉(2008) 중에서

너무 잘하려 하지 말라 하네.
이미 살고 있음이 이긴 것이므로.

너무 슬퍼하지 말라 하네.
삶은 슬픔도 아름다운 기억으로 돌려주므로.

너무 고집부리지 말라 하네.
사람의 마음과 생각은 늘 변하는 것이므로.

너무 욕심 부리지 말라 하네.
사람이 살아가는데
그다지 많은 것이 필요치 않으므로.

너무 연연해하지 말라 하네.
죽을 것 같던 사람이 간 자리에

또 소중한 사람이 오므로.

너무 미안해하지 말라 하네.
우리 모두는 누구나 실수하는 불완전한 존재이므로.

너무 뒤돌아보지 말라 하네.
지나간 날보다 앞으로 살날이 더 의미 있으므로.

너무 받으려 하지 말라 하네.
살다보면 주는 것이 받는 것보다 기쁘므로.

너무 조급해 하지 말라 하네.
천천히 가도 얼마든지 먼저 도착할 수 있으므로.

죽도록 온 존재로 사랑하라 하네.
우리가 세상에 온 이유는 사랑하기 위함이므로.

본죽 그룹
경영맵

생명을 살리는 기업
사명이 이끄는 기업

https://www.bonif.co.kr/
건강한 한식으로 세계인의 건강을 돕습니다

본월드의
사명과 비전

경영이념

설립이념	**모두가 협력하여 선을 이룬다!** All things work together for good
비전	건강한 한식으로 세계인의 건강을 돕는다
미션	세계인의 한식 일상화
사훈	하나님께 영광, 세상에 빛과 소금
슬로건	어머니의 사랑, 맛있는 건강
6대 가치	'경쟁' 보다 **'협력'**　　'개인' 보다 **'우리'**　　'이윤' 보다 **'가치'** '성공' 보다 **'사명'**　　'계약' 보다 **'약속'**　　'빨리' 보다 **'멀리'**

http://www.bonworld.co.kr
'모두가 합력하여 선을 이룬다'(로마서 8:28)

본사랑의
사명과 **비전**

섬김, 나눔, 세움
Service, Sharing, Gospel

미션
본사랑은 섬김과 나눔으로 이웃들의 변화와 행복을 돕습니다

비전
온누리에 이웃 사랑을 실천합니다

주요사업

사회공헌

건강 식자원 사업
본사랑죽 지원, 식자재 지원

지역복지사업
쪽방촌, 새터민, 장애인 지원

국제 NGO

세계 빈곤아동 지원사업
본아이드림 사업

학교, 병원 설립 지원사업

http://www.bonlove.or.kr
네 빛을 세상 사람들에게 비추어
그들이 네 착한 행실을 보고 하나님께 영광 돌리게 하라 (마태복음 5:16)

본월드미션의 사명과 비전

설립이념

오직 복음
Only the Gospel

미션

내가 너를 이방의 빛으로 삼아 너로 땅끝까지 구원하게 하리라

비전

땅끝까지 복음을 전파하라

주요사업

선교지원

교회와 학교 설립
다니엘 MK 장학금 지원

본아트미션, 본웨이브,
문화선교사업

비즈니스 선교사업

선교사케어

게스트하우스
MK하우스

회복 및 치유 상담 사업
성지비전트립

힐링캠프
로뎀나무 캠프, 다니엘 MK 캠프,
사모동행 캠프

http://www.bonmission.or.kr
하나님 사랑의 통로 복음의 통로
너로 이방의 빛을 삼아 나의 구원을 땅 끝까지 이르게 하리라(사도행전 13:47)

종의 리더십
10계명

— 청지기 최복이

1. 하나님의 세미한 음성을 듣는 리더
2. 성령의 이끄심에 적극 순종하는 리더
3. 기도, 말씀, 성령이 충만한 리더
4. 인품, 능력, 영성이 조화로운 리더
5. 자기를 부인하고 자기 십자가를 지는 리더
6. 사람을 섬기는 리더
7. 일꾼을 세우고 동역하는 리더
8. 하나님 나라의 비전과 사명으로 이끄는 리더
9. 사랑으로 세상을 변화시키는 리더
10. 하나님 나라를 확장하는 리더

우리들의 영업비밀
섬김경영

초판 1쇄 발행 | 2018년 1월 22일

지은이 | 최복이
펴낸이 | 최복이
편집 | 이현정
마케팅·관리 | 유인철
디자인·인쇄 | 나우커뮤니케이션

펴낸곳 | 도서출판 본월드
출판등록 | 2013년 9월 9일
주소 | 07541 서울시 강서구 양천로 75길 31 본월드미션센터 3층
전자우편 | hjlee@bonworld.co.kr
대표전화 | 02-3142-6202   팩스 | 02-730-1559
홈페이지 | www.bonworld.co.kr

ISBN 979-11-956357-4-0 03320

책 가격은 뒤표지에 있습니다. 잘못된 책은 구입한 곳에서 교환해 드립니다.
이 책은 저작권법에 따라 보호받는 저작물이므로 무단 전재와 복제를 금합니다.

도서출판 본월드는 본월드미션과 협력해 세계 선교사들의 활동을
기록하고 후원하고자 출범한 본선교그룹의 종합출판 브랜드입니다.